SEJA
LÍDER

MARCO MEDA
AUTOR DO LIVRO "GERANDO ECO"

SEJA LÍDER

Os segredos e estratégias para potencializar suas competências de liderança

Copyright© 2020 by Editora Leader
Todos os direitos da primeira edição são reservados à Editora Leader

Diretora de projetos:	Andréia Roma
Revisão:	Editora Leader
Capa:	Luis Meda
Projeto gráfico e editoração:	Editora Leader
Livrarias e distribuidores:	Liliana Araújo
Atendimento:	Rosângela Barbosa
Organização de conteúdo:	Tauane Cezar e Milena Mafra
Diretor financeiro:	Alessandro Roma

Dados Internacionais de Catalogação na Publicação (CIP)
Bibliotecária responsável: Aline Graziele Benitez CRB-1/3129

M87s   Meda, Marco
1 ed.   Seja líder / Marco Meda. – 1. ed. – São Paulo: Leader, 2020.

ISBN: 978-65-990178-1-0

1. Liderança. 2. Comportamento. 3. Gestão. 4. Administração
5. Negócios. I. Título.

CDD 658

Índices para catálogo sistemático:
1. Liderança: comportamento
2. Administração
3. Gestão: negócios

2020

Editora Leader Ltda.

Escritório 1:
Depósito de Livros da Editora Leader
Rua Eratóstenes Azevedo, 204
São Paulo – SP – 02969-090

Escritório 2:
Av. Paulista, 726 – 13° andar, conj. 1303
São Paulo – SP – 01310-100

Contatos:
Tel.: (11) 3991-6136
contato@editoraleader.com.br | www.editoraleader.com.br

*Dedico esta obra ao novo líder.
Ao líder do futuro!
Aquele que fará a diferença e
que está prestes a virar esta página...*

Prefácio

por Jacob Pétry

Você pode ser líder? Essa é uma pergunta que não ocorre com bastante frequência a muitos de nós. Geralmente, já partimos de uma convicção preestabelecida que nos diz se somos ou não capazes de exercer a liderança. Ao jogar luz sobre essa convicção e questioná-la, Marco Meda cria uma perspectiva completamente nova e imprescindível para quem quer ocupar um lugar ao sol no mercado de trabalho, daqui para frente.

Todos nós estamos escrevendo o livro de nossas vidas. Queremos relações saudáveis, bom emprego, salário justo, segurança e certo prestígio. Mas não só isso. Também queremos mostrar ao mundo nossa capacidade, desenvolver nossos talentos e fazer parte da história. E isso requer liderança pessoal e de equipe. Essa é a primeira grande lição desse livro. Ou seja: ser líder é mais importante do que muitas vezes pensamos, e tornar-se um, é algo que pode ser apreendido.

Com um texto inteligente e persuasivo, Meda não só questiona a importância de se tornar um líder, mas também nos mostra como transformar a liderança num hábito enquanto que, a nossa volta, o mundo muda e se transforma a cada dia.

Como tornar-se um líder?

O livro nos dá inúmeros *insights*. O mais importante, talvez, seja esse: um líder verdadeiro nunca está interessado em provar sua superioridade sobre os membros da equipe que lidera, mas, seu interesse maior, sempre está em provar aos membros da sua equipe que eles podem ser melhores do que são, e do que, muitas vezes, acreditam ser. A liderança não é uma competição para ver que tem mais força, mas um aflorar da força que cada um tem dentro de si.

Por que tantas pessoas jamais afloram para a semente da liderança que trazem em si?

Ao longo do nosso amadurecimento, muitas vezes, sem mesmo perceber, saímos do caminho da liderança. Frequentemente, aquilo que realmente é importante perde-se naquilo que nos é dito que é importante. Existe um desvio causado pelo processo educacional, que nos afasta do verdadeiro papel da educação. Educar-se é desenvolver seu próprio potencial, e tornar-se líder primeiro de si, e depois, de outros, auxiliando-os a descobrir e desenvolver o potencial que trazem em si.

Tornar-se um líder, portanto, é missão de cada ser humano. E é uma missão que dura a vida inteira. Quando pessoas afirmam que não tem as qualidades necessárias, que não sabem ou não querem liderar, quase sempre confundem lideranças com gerenciamento, ou com a simples prática de dar discursos.

Meda, no entanto, nós mostra que liderança, nos tempos atuais, não é nada disso. Liderança, ele diz, é utilizar o contexto da sua vida para desenvolver a habilidade de desafiar adversidades e criar caminhos para fugir da mediocridade e do conformismo, liderando primeiro a si próprio e, inspirando, em seguida, sua equipe a fazer o mesmo.

Qual a diferença entre liderar no passado e liderar no presente? Por muito tempo, quando o maior valor da equipe estava na força braçal, ou na atividade executada de forma física e, por isso, mecânica, era possível gerenciar as pessoas como se elas fossem coisas, como se elas fizessem parte do patrimônio físico da empresa ou organização. Mas isso mudou radicalmente. Hoje, e no futuro cada vez mais, empresas e organizações dependem da força criativa e mental das pessoas, e não há mais necessidade nem espaço para gerenciamento de pessoas. O físico e o mecânico estão sendo substituído por máquinas e robôs. Daqui para frente, se você não tiver iniciativa, motivação, autonomia e criatividade, sua participação no mercado ficará cada vez mais restrita.

A nova ordem social e econômica exige um novo tipo de pessoa, o líder de si mesmo, e neste livro, Meda nos ensina como se tornar esse novo tipo de pessoa. Estudos mostram que, cada vez mais, pessoas querem mais do que dinheiro, status e prestígio – elas querem uma chance de fazer história. Se você é uma dessas pessoas, esse livro é para você.

Jacob Pétry é filósofo, jornalista e autor de inúmeros livros de destaque, como O Óbvio que Ignoramos, Ninguém Enriquece por Acaso, o best-seller A Lei do Sucesso e o recente Singular – O Poder de Ser Diferente, escrito em parceria com Valdir R. Bündchen.

Agradecimentos

Meus sinceros e verdadeiros agradecimentos ao mundo corporativo, onde pude testar e validar por mais de 20 anos os fundamentos e práticas de liderança desenvolvidos neste livro.

Meu agradecimento especial aos meus coachees, meus parceiros de negócios, alunos dos meus cursos e programas de treinamentos, espectadores de meus seminários e palestras, leitores dos meus livros, pois o aprendizado e a troca de experiências com todos vocês com certeza geraram o conteúdo relevante desta obra.

Obrigado a toda minha equipe da MEDA – Minha Escola de Autoconhecimento.

Agradecimento eterno pelo apoio, credibilidade e amor incondicional de minha esposa, Josi Meda, pela chance de ser um pai melhor a cada dia para os meus filhos, Biel, Bella e Bia.

Meu abraço carinhoso pro Mamo e pra Rosimali que estiveram na primeira turma do treinamento de liderança deste livro em Serra Negra (SP).

Sumário

Introdução | Quem pode ser LÍDER?.. 13

Introdução À SEGUNDA edição 21

Você lida com PESSOAS? 23

Os segredos do AUTOCONHECIMENTO e da AUTOLIDERANÇA 29

A PSICOLOGIA do comportamento na LIDERANÇA 35

SUCESSO é uma questão de ESCOLHA? 43

Como MOTIVAR minha EQUIPE? 51

Como COMPROMETER minha EQUIPE? 59

Você está na ZONA DE CONFORTO? 65

Como nós INTERPRETAMOS O MUNDO? 71

Lugar de MULHER é na COZINHA? 75

Você ACREDITA no seu POTENCIAL? 83

Qual o seu RUMO? Assuma seu papel como LÍDER! 89

A LIDERANÇA com FOCO em RESULTADOS! 95

Quais são os FATORES CRÍTICOS de sucesso na LIDERANÇA? 103

As ATITUDES do LÍDER 109

Qual o seu ESTILO de LIDERANÇA? 113

Como ENCONTRAR, DESENVOLVER e MANTER TALENTOS na
    EQUIPE? 119

A LIDERANÇA com IMAGINAÇÃO, CRIATIVIDADE e INOVAÇÃO 123

Crie um DIFERENCIAL. INOVE! 127

Posso lhe fazer uma CRÍTICA CONSTRUTIVA? 131

Existe segredo para a FELICIDADE? 135

Não se APROXIME demais das PESSOAS! 141

LÍDER: vejo você no TOPO?! 145

COLABORAR ou RETER? 147

As 13 COMPETÊNCIAS de LIDERANÇA 151

LIDERANÇA em 9 LIÇÕES 155

Seja um LÍDER COACH! 159

Não importa o que VOCÊ SABE... 163

O LÍDER e a ESPIRITUALIDADE 167

Introdução
Quem pode ser LÍDER?

Quem pode ser líder? O que você acha? Você acredita que qualquer pessoa pode ser um líder? Qualquer encarregado, supervisor, chefe, gerente ou diretor pode ser um líder?

As pessoas nascem líderes ou formam-se líderes? O que você acha?

Você acredita que é um líder? Tem certeza? Você tem equipe? Trabalha com pessoas? Trabalha junto ou trabalha em equipe? Como você conduz a sua equipe? Na autoridade ou no autoritarismo?

E o seu superior? É um líder? Você o segue por qual motivo? Pela força do cargo? Pela hierarquia? Ou por algum outro motivo?

Você sabe lidar com as suas emoções? Controla sua ansiedade? Sua raiva? É nervoso demais? É calmo demais? Será que suas emoções afetam a maneira como você lida com as pessoas? Será que as pessoas ao seu redor precisam mudar? Precisam aprender a lidar com você?

Qual o seu motivo? O que motiva você? Porque você acorda cedo todos os dias e vai trabalhar? Simplesmente para pagar suas contas? Ou possui um motivo maior? Que metas pessoais você busca? Quais são seus objetivos? Quais os resultados que você almeja? Qual a sua missão? Será que os seus objetivos pessoais possuem relação direta com os objetivos corporativos da sua empresa? Será que seus valores, seu propósito de vida, suas metas e seus objetivos possuem relação com o seu modo de liderar pessoas?

Você lidera sua vida? Quem está no comando? Você é comandado ou comanda? Você lidera sua carreira profissional? Faz o que gosta? Você está no lugar e na empresa certa? Está no cargo e na função que deseja? Tem algo que precisa mudar? Melhorar? Crescer? Evoluir?

Sei que lhe fiz muitas perguntas, logo aqui no início do nosso livro, mas é para você perceber em quais pontos iremos tocar. Garanto que vou lhe ajudar a responder com precisão cada uma destas perguntas acima ao longo do nosso livro e, ainda, irei lhe apresentar os verdadeiros segredos da liderança, as estratégias mentais dos grandes líderes, as melhores técnicas e as ferramentas mais poderosas para que você faça uma reflexão: "Será que eu posso ser líder?", ou ainda: "O que eu preciso entender, fazer ou desenvolver para ser um líder com foco em resultados?"

VOCÊ pode ser LÍDER?

Nesta obra, você vai entender de pessoas, de atitudes, de comportamentos, habilidades e competências que irão preparar você para se transformar – se você quiser – em um líder habilidoso, com atitudes coerentes e comportamentos adequados para conduzir pessoas, para desenvolver equipes em busca dos resultados mais audaciosos.

Um líder possui algumas características, atitudes e habilidades que classificam uma pessoa ou um profissional como um verdadeiro líder de equipes. Portanto, prepare-se! Prepare-se para conhecer novas ferramentas, avaliar novas oportunidades e possibilidades. Discuta com você mesmo o que pode mudar e melhorar. Se você acredita que já sabe tudo, que não precisa aprender nada de novo, que leu sobre tudo isso em outros livros, que já assistiu palestras a respeito e acredita que já é um líder pronto e altamente preparado para buscar os resultados mais audaciosos, então este livro não serve para você!

Nascemos líderes ou nos formamos líderes?

Lembro-me de que em uma de minhas primeiras palestras sobre o tema um grande diretor de uma empresa com atuação nacional perguntou-me: *"Meda, nascemos líderes ou nos formamos líderes?"*

O que você acha? Você nasceu líder? Sempre foi líder? Ou ainda não é um líder e tem interesse em ser um verdadeiro líder?

Sim, existem pessoas com um dom especial e já possuem desde cedo características de líderes. Com o passar dos anos, aprimoram estas características e desenvolvem com mais facilidade atitudes e habilidades de líderes e passam a fazer aquilo como algo extremamente natural.

Outros, porém, precisam se desenvolver. Ou seja, possuem muita vontade de ser um líder, mas não são. Ou receberam a incumbência de liderar uma área e uma equipe na empresa.

Com base em estudos científicos, hoje já temos autores que afirmam com segurança que a liderança é algo que pode ser aprendido.

"Esperar que uma pessoa nasça com todas as ferramentas necessárias para liderar não faz sentido com base no que sabemos sobre a complexidade de grupos e processos sociais. O fato de que a liderança é em sua maior parte desenvolvida é uma boa notícia para aqueles entre nós que estão envolvidos com desenvolvimento de liderança - líderes realmente podem ser desenvolvidos", escreveu Ronald Riggio, Ph.D. e professor de Liderança e Psicologia Organizacional do Claremont McKenna College - EUA.

Completando o raciocínio, de acordo com Joseph S. Nye, da Harvard University, *"testes têm demonstrado que não existe um gene de liderança (...). A liderança moderna tem menos a ver com quem você é e como você nasceu do que com o que você aprendeu e o que você faz como parte de um grupo"*.

Enfim, entendo que existem líderes que simplesmente nascem líderes! São os líderes naturais. Na sua essência e origem já são líderes. Acordam motivados todos os dias. Conduzem pessoas com dedicação e com um carisma natural. Porém, nem todos os "líderes natos" possuem competências para liderar no mercado corporativo.

Portanto, eu prefiro acreditar que podemos desenvolver e formar líderes. Liderança é uma ciência. É um modelo que se aprende. Aprendem-se estratégias, posturas, comportamentos e atitudes.

Na sua essência o líder deve ser um conquistador de pessoas. Deve, acima de qualquer coisa, colocar a sua equipe em primeiro lugar. A valorização das pessoas é fator primordial na liderança moderna. Por que liderança não se impõe, se conquista. Acima de tudo deve ser o exemplo e deve servir à equipe. Ele motiva e inspira seus liderados.

Os princípios essenciais na liderança

Você já teve a sensação de que está sem seguidores? Que ninguém lhe segue? Talvez será pelo motivo de que as pessoas percebem que nem mesmo você como líder sabe aonde está indo?

O líder deve possuir diversas atitudes e comportamentos perante uma equipe para conduzi-la com total mestria. Acima de tudo deve ser o exemplo e servir à equipe. Ele motiva e inspira seus liderados!

O patrão, o chefe, o diretor e o gerente monitoram, controlam e supervisionam o trabalho e as pessoas, e mesmo assim a "coisa" não acontece! Quando o líder inspira e motiva as pessoas em um objetivo comum, a "coisa" acontece naturalmente, com ou sem a sua presença efetiva. Porque é feito sob inspiração, sob motivação verdadeira e autêntica.

Estudiosos do comportamento humano buscam a todo momento entender e interpretar a mente do líder. O líder ideal, não o atual, mas o líder do futuro, deve possuir na sua essência algumas características como: MOTIVAÇÃO, INSPIRAÇÃO, AUTENTICIDADE. Deve ainda ser o EXEMPLO e SERVIR a sua equipe. Deve facilitar caminhos, promover mudanças. Enfim: DESENVOLVER PESSOAS.

Interessa a você?

Ao longo desta obra vamos entender como funciona o cérebro humano no que tange a comportamentos e atitudes, como funciona o nosso inconsciente, mas, para adiantar um pouco as coisas, vou lhe dar uma dica: se você julgar e acreditar que já sabe tudo a respeito do assunto, você mesmo está dizendo para sua mente que não é necessário aprender e, assim, a sua leitura será em vão e terá a clara impressão que não há nada de novo que possa fazer melhor e maior na sua liderança pessoal e profissional.

O poder da decisão!

A maioria das pessoas não possui plena consciência dos reais motivos que as fazem conquistar ou não os seus objetivos. Uma coisa é fato: muitas pessoas não possuem uma qualidade de vida plena e não se sentem verdadeiramente felizes simplesmente pelo fato de não saberem como fazer isso e principalmente por não saberem utilizar o potencial que já possuem.

Se você deseja buscar algo maior e melhor para o desenvolvimento de sua liderança: queira! Comece tomando a decisão de desejar fazer algo. O fundamento capaz de iniciar uma grande revolução na vida de qualquer pessoa está no poder que cada um possui, que eu possuo e que você possui, mas que poucos sabem utilizar: **o poder de decidir criar um novo momento em suas vidas pessoais e profissionais.**

Você acredita na possibilidade de transformar seus sonhos em realidade?

_____

_____

_____

_____

O quanto isso é subjetivo para você? O quanto você verdadeiramente acredita nisso?

_____
_____
_____
_____

A liderança verdadeira é uma meta ou um grande objetivo na sua carreira profissional?

_____
_____
_____
_____

Quando estudamos a mente humana descobrimos que o ser humano possui uma fagulha interior que quando descoberta é capaz de transformar qualquer sonho em uma grande realidade. Independentemente do seu desejo, você precisa simplesmente tomar a decisão que o levará ao futuro que você deseja.

Não basta simplesmente tomar a decisão, pensar positivamente e o universo conspirará a seu favor! Claro que não! Definitivamente não é só isso. Este é apenas o início do processo de mudança. O poder está na sua decisão.

A maioria dos seres humanos possui a tendência natural de cair na rotina do dia a dia. Simplesmente esquecem de planejar o rumo de suas carreiras, de suas vidas, de uma viagem, da compra de uma casa, e ficam esperando as coisas acontecerem, ao acaso do destino.

Um novo processo de mudança em sua vida tem seu início no poder da decisão e definição dos seus objetivos. Conforme disse Anthony Robbins – um dos maiores *Life Coaches* do planeta: "É nos momentos de decisão que o seu destino é traçado!" Se você procura a mudança, este livro é para você. Vamos em frente?

Interessa a você conhecer os segredos e as estratégias que irão potencializar as suas competências de liderança? Topa?!

Vamos em frente? Vem comigo?!

Marco Meda

Introdução
À SEGUNDA edição

Fala, meu povo! É com muito orgulho e o coração repleto de alegria que eu faço a reedição deste livro. Depois de 3 mil cópias vendidas na antiga versão "Você Pode Ser Líder?", você tem em mãos uma obra revisada, linda e com muitas novidades. Agradeço a minha querida amiga Andréia Roma, CEO da Editora Leader, que comprou a ideia deste projeto. Um novo conteúdo, uma nova capa – gratidão, Luís Meda –, uma nova abordagem, e você – um novo leitor.

Por muito tempo se falou e se estudou Liderança, porém, o tema sempre pertinente e necessário traz nesta nova versão uma abordagem para o Líder que deseja conectar seus liderados à sua missão de vida. O novo capítulo final, "O Líder e a Espiritualidade", traz à tona a real verdade sobre como podemos transformar uma corporação em uma empresa espiritualizada, fazendo com que cada membro do time esteja engajado em algo maior, conectados pelo centro do coração.

Pra você que deseja desenvolver as suas competências de liderança na sua vida pessoal ou profissional, este livro é um presente! Jogue-se. Vem comigo! Nem todos podem ser líderes, mas talvez... somente talvez, você possa. Portanto, assuma agora esta missão comigo e SEJA LÍDER!

Marco Meda

Capítulo 01
Você lida com PESSOAS?

Um dos grandes segredos de liderança está ligado na maneira pela qual entendemos de pessoas. Precisamos entender como as pessoas pensam, como elas reagem a cada situação e como recebem a informação transmitida. Negligenciar o ser humano como um ser dotado de emoções e sentimentos é um risco enorme que não podemos correr quando o nosso objetivo é buscar a excelência no processo de liderar pessoas.

É preciso entender que os membros de sua equipe são seres humanos comuns como você, dotados de emoções. Lidar com pessoas é difícil. Ou melhor, extremamente difícil, pois cada um pensa de uma forma, reage de uma forma e possui controles emocionais de felicidade, raiva, medo e tristeza (dentre outras emoções) de formas diferentes.

Perceba que, quanto mais você lida com uma pessoa em específico, mais você aprende a se relacionar melhor com ela, sabendo a forma de falar, sabendo a forma de conduzir e de colocar ideias. No entanto, estas pessoas recebem informações e experiências externas ao ambiente corporativo todos os dias, fazendo com que as suas atitudes e comportamentos possam variar dia após dia, dificultando assim o seu processo de comunicação e liderança.

Pessoal versus Profissional!

As pessoas, em linhas gerais, possuem problemas particulares, os quais trazem de casa ou de outros ambientes que frequentam. Definitivamente, acredito que é praticamente impossível separar os problemas de casa dos problemas da empresa. Você já deve ter ouvido a seguinte afirmação:

"É preciso deixar os problemas de casa em casa e não trazer para a empresa. Não levem problemas da empresa para sua casa..."

Não é tão simples assim lidarmos com nossas emoções e separarmos 100% os nossos problemas e desafios a todo momento. Não existe um botão ou interruptor aqui nas minhas costas, onde eu "ligo" o Marco Meda que irá atuar como palestrante ou coach – esquecendo-se 100% dos problemas externos - e mais tarde "desligo" este e "ligo" o Marco Meda que irá atuar em casa com a família – deixando os problemas corporativos de lado.

Somos um só. Um ser completo, no qual carregamos todas as cargas emocionais que passamos durante o dia. Vamos enchendo o nosso bolso de alegrias, tristezas, raivas e medos. Durante o tempo todo. O segredo está então na forma como lidamos com estas emoções. Que comportamentos e atitudes geramos ao lidar com tais emoções e como estas afetam as demais durante o nosso dia a dia?

A arte de lidar com pessoas: entender!

Entendendo como você reage, você poderá começar a entender como as pessoas reagem também. É preciso lembrar que lidamos com pessoas que têm características próximas às nossas. Possuem emoções, problemas, limites e valores.

Quando estamos liderando pessoas, ou conduzindo uma equipe, direcionando profissionais em uma reunião, precisamos nos colocar no lugar destas pessoas e refletir:

Por que meus liderados estão tão resistentes perante o que estou falando?

_____
_____
_____
_____

Será que estou afetando os seus valores pessoais?

_____
_____
_____
_____

Será que possuem crenças que limitam ou restringem o seu entendimento ou a aceitação de uma opinião?

_____
_____
_____
_____

São paradigmas? São realmente problemas?

_____
_____
_____
_____

O que eu – como líder – posso fazer para facilitar o caminho dos meus liderados?

_____
_____
_____
_____
_____

Precisamos respeitar o limite das pessoas! Precisamos respeitar seus valores e crenças pessoais – pois a mudança pode ser algo extremamente complexo para algumas pessoas. Quando crianças, crescemos aprendendo certas crenças que vieram dos nossos pais e avós, que estes receberam de seus pais e avós também, e aquelas crenças viraram leis irrefutáveis em nossas mentes (*teremos alguns capítulos específicos onde vamos nos aprofundar sobre o assunto Crenças e a Liderança*).

Por diversas vezes, julgamos as pessoas com as quais nós trabalhamos. Acreditamos que elas possuem dificuldades de aprendizado, ou porque são pessoas difíceis – que não concordam com nada –, ou que são complexas por natureza. Podem ser! Mas, mais importante que isso é você – como um líder – enxergar estes valores e comportamentos pessoais e trabalhar com eles. É preciso que você disponha de ferramentas e técnicas para "ler" as pessoas e saber os caminhos ou as lacunas para buscar uma comunicação eficiente no seu processo de lidar e conduzir pessoas. É preciso entender a mente humana. É preciso paciência e sabedoria para entender o outro. É uma evolução natural em que dia após dia você encontra maneiras para lidar com pessoas diferentes, complexas, difíceis e humanas.

VOCÊ pode ser LÍDER?

Saiba entender que as pessoas são diferentes, que pensam e agem de maneira diferente. Reflita sobre a sua forma de conduzir pessoas. Pense nisso e responda para você mesmo: "Você pode ser líder?"

Liderança na PRÁTICA!

A fim de você iniciar uma profunda prática sobre suas ações, atitudes e comportamentos de liderança, inicie já uma reflexão que fará com que as ideias apresentadas neste capítulo sejam absorvidas e compreendidas. Responda já!

1. O que tenho feito para entender as pessoas?

_____
_____
_____
_____
_____

2. O que posso fazer de diferente, a partir deste instante, para compreender melhor as pessoas?

_____
_____
_____
_____
_____

3. Quais são meus maiores erros como líder?

_____
_____
_____
_____
_____

4. Quais as competências que desejo desenvolver como líder?

_____
_____
_____
_____
_____

5. Que tarefa diária vou iniciar a partir de hoje em busca do meu desenvolvimento como líder que realmente fará a diferença?

_____
_____
_____
_____
_____
_____
_____
_____
_____
_____
_____
_____
_____
_____
_____
_____

Capítulo 03
Os segredos do AUTOCONHECIMENTO e da AUTOLIDERANÇA

Um processo de desenvolvimento de suas competências de liderança tem seu início no quanto você conhece a fundo seus comportamentos e atitudes.

Você já parou para pensar a respeito da importância do autoconhecimento no processo de liderança? Somente a partir do autoconhecimento é que somos capazes de compreender os outros.

A compreensão de nós mesmos e posteriormente dos que nos cercam irão garantir e nos fornecer ferramentas para trabalharmos com pessoas e buscarmos o nosso desenvolvimento como verdadeiros líderes, seja na vida pessoal ou na carreira profissional.

Regras para o Autoconhecimento

Didaticamente, defini algumas regras para o conhecimento de si mesmo e o reflexo nas pessoas que lideramos:

Regra 01 - É preciso identificar e resolver conflitos internos na sua sua mente que impedem a sua maneira de agir (trabalhar suas crenças limitantes) – vamos trabalhar este assunto mais à frente!

Regra 02 - Buscar os seus pontos fortes como prática de melhoria contínua e potencializá-los (não devemos valorizar nossos pontos fracos e sim nossos pontos fortes – vamos também tratar deste assunto em um outro capítulo).

Regra 03 - Observar como nosso comportamento influencia o comportamento dos outros. Ou seja, com base no nosso estado emocional interno, nossos comportamentos são gerados e assim nós temos a capacidade de alterar os "estados emocionais internos" das pessoas (de maneira positiva ou negativa).

Regra 04 - Entender claramente como está o seu processo de comunicação. É preciso dotar-se da consciência de que a responsabilidade da comunicação é sempre do comunicador. Será que estou sendo claro?

Regra 05 - Perceber a forma com que você se relaciona com as pessoas, gera empatia, carisma ou comportamentos inadequados nas pessoas.

Regra 06 - Reconhecer as defesas que utilizamos para repelir ameaças imaginárias ou reais. Quando falamos de "imaginárias" ou "reais" é preciso compreender o SIGNIFICADO que damos para cada FATO, para isso, mais à frente você vai ler um capítulo específico para este assunto.

Regra 07 - Evitarmos a tendência da frustração e da autocrítica. Estudos modernos relacionados à Psicologia Positiva nos mostram a importância de estarmos alertas e atentos a fatores positivos que nos impulsionam e nos motivam. Quando focamos o lado negativo, temos uma tendência muito clara de nos frustrar e de nos desmotivar, o que faz com que a "Zona de Conforto" seja um ótimo lugar. Também teremos um capítulo específico sobre o assunto.

Regra 08 - Exercitar a sua capacidade de flexibilizar o seu comportamento e a sua capacidade de resiliência. Este é um dos maiores segredos. Qual a sua capacidade de resistir a mudanças e adaptar-se a elas? Como você lida com o significado que você dá para determinados fatos e estes significados não atendem a sua expectativa de resultados?

A importância da Autoliderança

A autoliderança pressupõe algumas características essenciais, por exemplo: autocontrole, congruência, confiança, empatia, ética, o poder da inspiração, carisma e a capacidade de potencializar suas ações e, consequentemente, dos seus liderados.

> *Em evolução ao capítulo anterior você já pensou que o processo de liderança se inicia com o entendimento que você mesmo tem sobre a própria arte de se autoliderar?*

O ato de liderar está dentro de cada pessoa. Está ligado na busca de alcançar um objetivo concreto, pessoal e obviamente profissional. Liderança tem a ver com a relação entre as pessoas. Tem a ver com aqueles que aspiram liderar e aqueles que escolhem seguir seu líder. Para algumas pessoas a liderança pode ser entendida como uma aspiração.

O líder deve assumir um compromisso pessoal consigo mesmo. Deve ter a consciência de ser líder e se fazer líder 24 horas por dia. O líder não vacila! Ele é o exemplo. É a inspiração e a motivação da equipe.

A sua voz tem que ser de líder. O sentido de liderança está no ato de liderar a si próprio, o desenvolvimento da liderança inicia-se na autoliderança, no autoconhecimento. A busca do conhecimento dos seus limites, o conhecimento seguro das suas atitudes e competências é que farão com que o líder obtenha segurança nos seus atos, uma vez que ele deverá possuir o domínio de suas emoções e controle de todas as suas ações.

VOCÊ pode ser LÍDER?

A autoliderança está pautada na coragem, na segurança e na confiança. São valores pessoais que estimulam o poder da autoliderança e que regem e impulsionam o desenvolvimento humano no máximo da sua capacidade.

A mente positiva e inconsciente do líder direciona comportamentos adequados ao novo modelo de liderança. Tal estratégia mental é iniciada no processo de autoconhecimento. Quando você faz uma reflexão a respeito dos seus comportamentos, ocorre uma expansão da consciência e assim você abre oportunidades para novas atitudes. A prática consciente levará os fundamentos para o inconsciente e assim você constrói a sua mente de líder.

Liderança na PRÁTICA!

Vamos mais uma vez ampliar a sua reflexão:

1. Quais são seus principais pontos fortes?

___

2. Quais são seus principais pontos de melhorias?

___

3. Quais são suas principais características ou qualidades?

___

4. Descreva quais as oportunidades de melhoria você pode desenvolver para uma nova postura de liderança.

_____
_____
_____
_____
_____
_____

5. Existem hoje ameaças que impedem o seu desenvolvimento como líder? Quais são estas ameaças?

_____
_____
_____
_____
_____
_____

6. Na prática como você pode:

a) Potencializar seus pontos fortes?

_____
_____
_____
_____

b) Minimizar seus pontos fracos?

_____
_____
_____
_____

c) Criar novas oportunidades?

_____
_____
_____
_____
_____
_____
_____
_____
_____
_____
_____
_____
_____

d) Reduzir as ameaças?

_____
_____
_____
_____
_____
_____
_____
_____
_____
_____

Capítulo 04
A PSICOLOGIA do comportamento na LIDERANÇA

Você é capaz de se destacar no mercado corporativo com foco na sua capacidade de liderança, aprendendo a lidar com pessoas, enxergando como reagem e como aceitam ou não aceitam uma determinada orientação. Quando enxergamos as necessidades das pessoas, e descobrimos o que elas desejam e como desejam, as chances de comunicar-se com eficiência e eficácia aumentam absurdamente a sua habilidade de liderar pessoas. É como falar exatamente o que as pessoas querem ouvir. É como ler pensamentos e entregar o que querem!

Fatores Motivacionais

O psicólogo estadunidense Abraham Maslow, no meio do século XX, com enfoque na *Psicologia Humanista*, criou a *pirâmide das necessidades humanas*, ou ainda conhecida como "Pirâmide de Maslow". Para ele, a base da pirâmide está ligada às necessidades fisiológicas que precisam ser saciadas para que a pessoa conquiste a segunda base da pirâmide que são as necessidades de segurança. Estas, se saciadas, possibilitam conquistar as necessidades da terceira base da pirâmide, as necessidades afetivas, seus relacionamentos, amizades, família e relacionamentos sexuais.

Somente depois de saciadas as necessidades afetivas é que o ser humano conquista mais um degrau da pirâmide, que são as necessidades de autoestima, as quais nos dão a sensação de confiança, conquista, respeito dos outros e respeito aos outros.

Por fim, Maslow encerra seu conceito dizendo que, se uma das necessidades não está saciada, existe uma incongruência. E somente quando todas as necessidades estiverem de acordo é que chegamos ao topo da pirâmide, ou seja, na autorrealização, que pode ser considerado o estado de felicidade plena de cada indivíduo.

Esses fatores acima influenciam diretamente o fator motivacional de cada indivíduo. Defino motivação como um "motivo" para que alguém gere uma "ação". Assim, quando vamos lidar com pessoas, é preciso entender qual é o grau ou degrau da pirâmide de necessidades em que aquela pessoa se encontra. Acredito que entender as suas necessidades é a base para entender o seu comportamento e suas atitudes. Precisamos saber qual é o grau de satisfação, analisando como está o nível de autoestima e autorrealização desta pessoa.

Se você é um líder de uma equipe, é preciso conhecer pessoalmente cada membro do time, reconhecendo seus medos, suas necessidades, suas angústias, seus limites, suas crenças, descobrindo assim o que os motiva. Conhecendo as motivações pessoais de cada integrante do grupo, você será capaz de conhecer o limite de cada um, as crenças que os limitam e assim conduzir a equipe com ferramentas poderosas na sua mão. Obviamente vamos nos aprofundar mais nas questões motivacionais ao longo do livro.

Carl Rogers, psicanalista americano, apresentou em seus estudos da Psicologia Humanista, os conceitos da **congruência**, da **aceitação incondicional** e da **empatia**. Congruência é a pessoa sentir o que sente, sem mentir para si e para os outros o seu sentimento (mente e fisiologia em total concordância). Aceitação incondicional é aceitar o outro como ele é, incluindo seus defeitos, angústias e medos. Por fim, empatia é a capacidade de sentir o que o outro quer dizer, e de entender o seu sentimento.

> Quando tratamos de pessoas, o papel do líder é entender os comportamentos diversos e atender as necessidades

dos membros da sua equipe. Para tal, é preciso que você se aprofunde um pouco comigo na psicologia do comportamento humano para entender o comportamento da sua equipe, e consequentemente o comportamento corporativo.

As empresas se comportam segundo alguns padrões preestabelecidos e estudados por anos e anos por especialistas da administração, como Peter Drucker – filósofo e economista de origem austríaca, considerado o pai da administração moderna. Drucker sempre fundamentou seus estudos focando o desenvolvimento das empresas baseado na capacidade de desenvolver, treinar e reter talentos, pessoas! E, assim, podemos entender que os comportamentos empresariais acontecem com base nos comportamentos das pessoas que conduzem tais empresas.

Entendendo o Comportamento Humano

Sim, é possível compreender o comportamento humano! Por mais que as pessoas sejam diferentes e complexas, é possível que existam padrões de comportamentos. Assim, entendo que é preciso desenvolver uma mente de líder baseada na ideia de que a mente, o corpo e a linguagem interagem para criar a percepção que cada pessoa tem do mundo e como as estratégias mentais dos líderes geram comportamentos congruentes e que inspiram e motivam as pessoas.

Após muitos anos de estudo, descobrimos que tais estratégias mentais, modeladas de grandes líderes e pessoas de sucesso, seguem determinados padrões. Assim, estudamos "modelos" de reprodução de determinados comportamentos e crenças de pessoas que atingiram o sucesso, a excelência e resultados em determinados assuntos – aqui no nosso caso na liderança de equipes.

Tais padrões proporcionam uma capacidade pessoal de se comunicar de forma mais efetiva, bem como focada na realização de mudanças. A partir de padrões linguísticos e comportamentais, os quais serão descritos neste livro ao longo dos capítulos, geram modelos mentais que podem ser utilizados por outras pessoas para construir a mente inconsciente do líder.

Assim, a mente de líder deve desenvolver um conjunto de comportamentos padrões que pretende buscar a excelência na experiência subjetiva da mente e no comportamento objetivo do ser humano, buscando aprimorar habilidades para facilitar a obtenção de metas e resultados.

Muitos cientistas estudaram a mente humana e encaram o cérebro como uma espécie de hardware e os pensamentos como um tipo de software de computador, onde podemos "programar" e/ou "reprogramar" a mente humana, retirando defeitos, ou erros de programação gerados no passado – nossas crenças e paradigmas. É o sistema de crenças e percepções filtradas da realidade, criadas em um momento do passado e que podem se tornar inapropriadas, por mudanças das circunstâncias ou da própria pessoa.

O ser humano comunica-se consigo mesmo e com o mundo externo. A "caixa preta" a ser desvendada é o cérebro humano, assim, tentamos entender como mudar o comportamento humano a partir da comunicação interna e externa e assim construir uma mente de líder capaz de inspirar, conduzir e motivar pessoas.

VOCÊ pode ser LÍDER?

Richard Bandler e John Grinder, pesquisadores e treinadores estadunidenses, consolidaram seus estudos do comportamento humano em alguns pressupostos, os quais fundamentam a sua aplicação na difícil tarefa de compreender o ser humano e trabalhar com seus padrões de comportamento, ações e atitudes. Tais pressupostos devem ser compreendidos como grandes segredos de Liderança no processo de entender e atender as pessoas. Vejamos alguns deles adaptados sob a minha visão:

1 - As pessoas respondem a sua experiência e não à realidade em si. Ou seja, o mundo real não existe, o que existe é uma interpretação do mundo com base nas percepções de cada um. Dessa forma, o líder deve entender que os pensamentos das pessoas estão baseados na sua forma individual de ver o mundo e assim respeitá-las.

2 - Ter uma escolha ou opção é melhor do que não ter uma escolha ou opção. Desta forma, o líder deve buscar ou criar oportunidades de escolha, entendendo que as pessoas fazem sempre a melhor escolha que podem no momento.

3 - Todas as ações têm um propósito e uma intenção focada no positivo. Desta forma, o líder precisa perceber que, por mais que as ações das pessoas não sejam as melhores possíveis, elas possuem um propósito maior que atende aos seus valores pessoais e suas crenças.

4 - Todo comportamento possui uma intenção positiva. Mesmo maus comportamentos – de acordo com o seu julgamento, ou das leis dos homens, ou da sua religião, ou da sociedade em si- possuem sempre uma intenção positiva.

5 - A mente inconsciente contrabalança a consciente. Vamos estudar mais a fundo o poder da mente inconsciente do líder ao longo do livro.

6 - O significado da comunicação não é simplesmente aquilo que você pretende, mas também a resposta que você obtém. Ou seja, todos nós possuímos filtros da realidade, onde vemos, ouvimos e sentimos tudo aquilo que é interessante para nós, de acordo com nosso sistema de crenças, portanto, a interpretação do outro também faz parte do processo de comunicação.

7 - Já temos todos os recursos de que necessitamos ou então podemos criá-los. Potencialmente todos os seres humanos funcionais possuem dentro de si experiências anteriores que garantem a existência de recursos necessários para o desenvolvimento de comportamentos adequados e esperados dentro de um contexto.

8 - Mente e corpo formam um único sistema. São expressões diferentes da mesma pessoa. E não há como separá-los. A congruência é inconsciente. O que pensamos refletimos diretamente em nosso corpo físico.

9 - Modelar desempenho bem-sucedido leva à excelência. É assim os grandes pesquisadores e autores de liderança fundamentam seus métodos, técnicas, desenvolvem ferramentas e geram resultados práticos e reais.

10 - Se quiser compreender algo, então aja! Nada melhor do que fazer, testar, sentir, analisar e viver algo na sua essência e plenitude.

Liderança na PRÁTICA!

Ampliando sua percepção e gerando reflexão, pense comigo:

1. Quais são as suas verdadeiras necessidades? Pense na sua pirâmide de necessidades!

_____
_____
_____
_____
_____
_____
_____

2. Você é verdadeiramente congruente? Como sabe disso?

_____
_____
_____
_____
_____
_____
_____

3. Pense em cinco grandes líderes ou pessoas de sucesso que você conhece. Escreva o nome delas em um papel e na frente descreva as principais habilidades de liderança que você acredita que estas pessoas possuem ou desenvolveram. Quais destas habilidades você acredita que precisa desenvolver?

_____
_____
_____
_____
_____
_____
_____
_____
_____
_____
_____
_____
_____
_____
_____
_____
_____
_____
_____
_____

Anotações

Capítulo 05
SUCESSO é uma questão de ESCOLHA?

O sucesso lhe interessa? O sucesso é algo pejorativo para você ou perfeitamente alcançável? O que você entende por sucesso? Você conhece pessoas de sucesso? Sabe o que elas fizeram para obter sucesso?

Todos nós possuímos todos os recursos internos necessários para o sucesso. O que na verdade a maioria das pessoas não sabe é como utilizar tais recursos!

Obviamente eu e você temos interesse no sucesso. Conquistar o sucesso é um dos grandes objetivos da humanidade. Obviamente a noção de sucesso é diferente para cada pessoa.

Vamos aqui discutir algumas estratégias de liderança para aumentar a sua performance e buscar oportunidades de trazer mais resultados para a sua vida pessoal e profissional. Isso lhe interessa? Então vamos lá? Vamos entender a psicologia do sucesso na liderança?

Todos os dias recebemos grandes desafios, sejam impostos pelo mercado, pela empresa em que trabalhamos, ou pelas pessoas com que nos relacionamos. Muitos desafios nos parecem impossíveis.

Pessoas e empresas devem conquistar suas metas e atingir seus resultados além do esperado. Independentemente de qual é o seu momento de vida pessoal ou profissional, ouso escrever que você deseja crescimento. Evolução. Você quer mais! Você quer sucesso.

Conquistar metas, objetivos e os sonhos mais audaciosos é uma questão de escolha. O que você vive hoje foi uma questão de escolha sua no passado.

Talvez você pense: *"Meda, eu não escolhi passar o que estou passando hoje! Eu não escolhi ter esta vida! Eu não escolhi este monte de contas para pagar! Eu não escolhi sofrer assim nesta empresa... Eu não escolhi ser um líder medíocre".*

Talvez a maioria das pessoas não entenda uma questão simples: RESPONSABILIDADE!

Se você quer escolher o sucesso, o primeiro ponto a pensar é que você é responsável pelos seus resultados. Você e só você! Obviamente existem interferências externas que afetam os seus resultados, mas, ainda assim, cabe a você minimizá-las ou encontrar estratégias para buscar formas de manter-se no controle.

Sim! Sucesso é uma questão de escolha

É preciso escolher dar a volta por cima. É preciso transformar sonhos em realidade. É preciso buscar informação e conhecimento necessários para isso.

É preciso tomar a decisão. O simples fato de não tomar decisão nenhuma é uma decisão. Péssima escolha ao meu ver, mas é uma decisão!

O conhecimento apropriado, combinado com prática e determinação, pode realmente transformar a vida de qualquer indivíduo. Não existe limite para o que o ser humano pode ser, ter ou fazer. Está em você! Está na sua mente. O que realmente você deseja? O que realmente quer? Escolha! Escolha ser um verdadeiro líder! Você pode?

A maioria de nós sabemos claramente o que NÃO queremos. Mas temos imensa dificuldade para saber o que realmente queremos. Por exemplo: não queremos engordar, não queremos este chefe, não queremos esta equipe, não queremos este relacionamento, não queremos sofrer etc... Então o que realmente queremos? Felicidade?! Ótimo. Entenda que existem estratégias para buscar a felicidade. É preciso acima de tudo escolher ser feliz, e traçar o caminho para tal.

O nosso destino não é determinado pela nossa história de vida passada e sim pelo que vamos construir agora com foco no futuro! O que realmente importa é enxergar claramente o que deve vir e não esperar que o futuro simplesmente aconteça. O que você efetivamente quer? Cada um de nós pode determinar construir e determinar o seu próprio futuro, por isso sucesso é uma questão de escolha.

Ou você pode escolher esperar. Pode escolher se proteger na zona de conforto (*leia post a respeito*).

Se você quer mudar o seu destino por completo, faça!

Não importa o quanto a vida lhe mostre o contrário. Não importa qual seja o seu desafio. Todos nós temos escolhas.

Vencer ou perder o jogo: é simplesmente uma questão de escolha. Qual será a sua escolha?

VOCÊ pode ser LÍDER?

Todos querem maiores e melhores resultados. Todos querem uma vida significativa. Todos querem ser mais e mais felizes. O que a maioria das pessoas não entende é que vencedores são poucos. Porque poucos entendem que é uma simples questão de escolha, de foco e ação, muita ação.

Pense nisso! Qual a sua escolha? Lembre-se de que não escolher já é uma decisão!

Sucesso é uma questão de pura estratégia

Nós não nascemos com um manual de instrução, que nos mostre a ordem e a sequência correta para sermos bem-sucedidos.

Agir na tentativa e erro nos faz perder muito tempo. Se seguirmos "receitas de bolos" testadas, aplicadas na prática e com resultados garantidos, vamos minimizar os nossos erros.

Podemos resumir o sucesso em dois grandes segredos!

O primeiro grande segredo do sucesso é começar, é dar a partida. É preciso dar o primeiro passo, sair da zona de conforto em busca de algo. Pessoas de sucesso gastam mais de 90% de sua energia começando algo novo, partindo do zero!

Pessoas bem-sucedidas são muito ativas, estão sempre ocupadas, tentando coisas novas. Buscam inovações a todo momento. Agem incansavelmente...

O segundo grande segredo do sucesso é continuar, seguir em frente, nunca desistir. Pessoas de sucesso possuem grande convicção dos resultados que podem alcançar e por isso jamais desistem. Não fazem as "coisas" pela metade...

Enfim, descobrimos que há uma relação direta entre atividade e sucesso. Quanto mais atividade, maior a chance de sucesso. Trabalho duro!

É preciso que você perceba que as pessoas de sucesso agem sem parar. Não se cansam... começam, trabalham sem parar e nunca desistem.

Por que algumas pessoas têm mais sucesso do que outras?

Esta é uma pergunta muito comum e muito recorrente em minhas palestras. E, por mais incrível que pareça, a resposta é surpreendentemente simples!

Existem alguns segredos! Na verdade, apenas dois grandes segredos. Mas, antes de lhe contar os simples segredos, pense comigo: o que fazem as pessoas bem-sucedidas? O que elas fazem que as diferencia? Este é o ponto! As pessoas de sucesso fazem as coisas de maneira diferente das pessoas que não têm sucesso.

O primeiro segredo do sucesso é ter objetivos claros e bem definidos! Para Brian Tracy, um dos maiores *Executives Coaches* da atualidade: "Minha palavra favorita, no sucesso, é a palavra 'clareza'. As pessoas bem-sucedidas são bem claras sobre seus pontos fortes e seus alvos". Sabem exatamente o que querem. Sabem exatamente o que desejam! Elas traçam o passo a passo rumo aos seus objetivos. Elas registram os seus planos e trabalham em seus objetivos todos os dias.

Pessoas sem sucesso não são claras, e, por causa disso desperdiçam muito tempo. Não sabem ao certo o que querem e muito menos para onde estão indo. Se frustram, e não têm sucesso.

O segundo segredo do sucesso está pautado no foco! É saber focar nas coisas mais importantes que você pode fazer. E principalmente: o tempo todo! A maioria das pessoas desperdiça a maior parte de seu tempo fazendo coisas de baixo valor e perde tempo fazendo atividades que não possuem relação alguma com os seus objetivos!

Certamente existem sempre duas ou três coisas de valor em qualquer área ou negócio. E essas duas ou três coisas trazem resultados 10 ou 20 vezes maiores se você colocar foco e empenho!

Ao longo dos últimos 15 anos, nós Coaches estudamos estratégias de liderança, estudamos intensamente pessoas de sucesso, buscando entender quais as estratégias que estas pessoas utilizaram, estudamos como pessoas de sucesso pensam, como elas se comportam, para entender a diferença que faz a diferença no sucesso de um líder e na qualidade de vida humana e reunimos nesta obra os mais importantes segredos e agora você está de posse destas ferramentas. O que você fará com elas é o que realmente vai fazer a diferença. Ao longo dos anos descobrimos várias fórmulas. São fórmulas possíveis de serem seguidas, são simples na sua essência, mas obviamente não são mágicas e requerem muito trabalho. Trabalho duro!

Liderança na PRÁTICA!

É extremamente importante neste momento que você abra a sua percepção, refletindo a respeito das seguintes perguntas:

1. Você possui objetivos claros?

___

2. Você foca nas coisas mais importantes?

___

3. O que é sucesso para você?

___

4. Por que o sucesso é importante para você?

_____
_____
_____
_____
_____
_____

5. O que é um líder de sucesso?

_____
_____
_____
_____
_____
_____

6. Quais as competências e atitudes que um líder de sucesso possui?

_____
_____
_____
_____
_____
_____
_____

7. Por que você deve escolher o caminho do sucesso na liderança?

Capítulo 06
Como MOTIVAR minha EQUIPE?

Você já pensou que podem haver alavancas que movem o ser humano no mundo corporativo? O que motiva você? O que motiva os membros da sua equipe?

Quais são as alavancas que movem você no mundo corporativo?

Quando analisamos as atitudes humanas relacionadas ao mundo dos negócios, percebemos que o mundo corporativo é para os fortes, os ágeis e na maioria das vezes para os agressivos. Tais atitudes estão diretamente relacionadas a determinadas alavancas que favorecem o desenvolvimento dos negócios. Assim, na maioria das vezes, as alavancas que movem o ser humano nas empresas são: o **MEDO** e o **INTERESSE**!

É bem provável que as decisões operacionais diárias, e principalmente as decisões estratégicas de alto nível, são tomadas com base nestas atitudes. São verdadeiros princípios do comportamento humano! Por *medo* da concorrência, por *medo* de perder fatias de mercado, por *medo* de perder clientes, por *medo* de perder espaço são definidas estratégias e metas audaciosas com o objetivo de colocar as empresas em uma posição de segurança e obviamente algumas pessoas na posição de liderança.

Segurança faz parte das necessidades básicas do ser humano,

amplamente estudada na pirâmide de *Maslow*. É fato que os negócios, os contratos de compras e as vendas acontecem por *interesse*. Pelos ganhos que interessam ambos os lados, ou seja, temos *interesse* em consumir um determinado produto, pois ele nos dá satisfação ou supre alguma necessidade (básica ou supérflua). Temos *interesse* em adquirir um volume de produtos, pois fazemos mais dinheiro com eles. Temos *interesse* em adquirir conhecimento (consultorias, cursos e programas de treinamento), pois podem fornecer conhecimento para tomada de decisões mais concretas e seguras. Temos *interesse* em receber reconhecimento, ganhar dinheiro da empresa, e a empresa – por sua vez – interesse em utilizar as suas competências técnicas e de liderança.

Cabe ressaltar ainda a relação de outra alavanca que move o homem e os negócios: a **VAIDADE**. Inúmeras vezes, negócios são gerados por *vaidade*. O ser humano naturalmente comporta-se da mesma maneira. Compramos algo por *vaidade*, por *medo* ou por *interesse*.

Como as empresas são movidas pelos comportamentos das pessoas, assim são as empresas, assim é o mundo corporativo, por *medo*, *interesses* e *vaidade* os negócios acontecem.

A grande verdade é que nos motivamos por dois motivos: **PRAZER** ou **DOR**! Ou nos motivamos a fazer algo pelo prazer que isso nos gera, ou ainda, nos motivamos pela dor causada pela falta de fazer algo (gostando ou não de fazer). Você já havia pensado nisso?

Os fatores desmotivantes no ambiente corporativo

Ao longo dos anos, estudando e trabalhando com comportamento humano nas empresas descobrimos que, quanto mais motivados, mais produtivos os funcionários são. Parece óbvio, não é? E é óbvio! O problema é que muitas empresas ainda não entendem por que seus funcionários estão desmotivados e quando descobrem os reais motivos elas não conseguem mudar este cenário, pois colocam a "culpa" apenas no colaborador!

Não podemos generalizar, porém, podemos destacar alguns dos principais fatores desmotivantes no ambiente corporativo. Algumas pessoas acreditam que basta trabalhar no que se gosta que a motivação é certa! Nem sempre isso é verdade. Existem fatores motivacionais intrínsecos e fatores motivacionais extrínsecos. Os intrínsecos estão ligados aos seus VALORES pessoais e os extrínsecos são externos e, mesmo fazendo o que gosta, estes fatores podem reduzir o nível de motivação de um funcionário.

Dentre os fatores extrínsecos podemos citar:

1) **falta de reconhecimento da gerência, diretoria ou dos colegas de trabalho;**

2) **excesso de trabalho;**

3) **ambiente ou clima organizacional ruim, desgastante, estressante;**

4) **falta de perspectivas de crescimento e ascensão de carreira; e por último**

5) **baixa remuneração.**

Obviamente a soma destes fatores reduz a produtividade do funcionário de maneira significativa.

De qualquer forma, tanto os valores intrínsecos como os extrínsecos, se corrompidos os valores pessoais, afetam diretamente a noção de motivação. Ou seja, valores como: segurança, status, família, conforto, reconhecimento, realização, felicidade etc., se forem colocados em risco, afetam diretamente um MOTIVO para gerar uma AÇÃO (motivação).

Quais são seus verdadeiros valores que afetam diretamente o seu nível de motivação?

Como fazer com que a equipe sinta o seu papel na empresa?

Além de motivar as equipes, o líder gestor de pessoas deve engajar equipes. Engajar é mais do que motivar! O grande desafio da liderança moderna é encontrar a fórmula adequada para obter um alto nível de engajamento e motivação.

O líder deve despertar atitudes individuais que contribuem para os objetivos e resultados do negócio. Em outras palavras, as empresas que investem prioritariamente em pessoas e no ambiente de trabalho para estas desenvolverem o máximo de suas capacidades obtêm o verdadeiro engajamento dos profissionais com uma série de práticas aplicadas e renovadas com criatividade e inovação de ideias – de maneira contínua.

Entende-se que uma excelente empresa para se trabalhar é aquela na qual as pessoas dão o melhor de si, porque são motivadas pelos objetivos da empresa. Assim, o líder conduz suas equipes no regime de colaboração, integração e cooperação.

Estes líderes são capazes de inspirar as pessoas a atingir metas e resultados da empresa, pois estes atrelam os objetivos, metas e resultados pessoais de cada membro da equipe ao objetivo maior que é o da empresa. O líder deve conhecer em detalhes os objetivos e os sonhos de cada membro da sua equipe.

Tais líderes atuam nas melhores empresas, as quais buscam constantemente fazer com que as pessoas sintam qual é o verdadeiro papel delas na organização. Ou seja, estas empresas se empenham em mensurar os motivos de esses profissionais serem importantes para o negócio, deixando claro que a contribuição individual é única e imprescindível e por que é importante atingir os objetivos definidos. A equipe é conduzida sabendo aonde vai chegar. Sabendo o que vai alcançar. Os números, as metas e os objetivos são claros, definidos e difundidos pela liderança.

Individualmente cada ser humano é motivado por uma meta. Seja pessoal ou profissional. Cada indivíduo precisa ter uma causa para se envolver e se dedicar. A inspiração do líder é fundamental para que as pessoas queiram contribuir e se engajar nos objetivos e metas da empresa.

Algumas pessoas motivam-se ou engajam-se pelo poder da

marca da empresa, ou porque fazem isso involuntariamente. Porém, a maioria deles precisa de uma inspiração de liderança. Cabe ao líder fazer com que sua equipe conheça a missão e visão da empresa. Os objetivos corporativos definidos no planejamento estratégico têm de ser difundidos e entendidos pelas pessoas de toda a organização.

Enfim, é preciso acreditar de forma apaixonada nos objetivos corporativos e no que se quer espalhar na empresa, pois a filosofia, os valores, as crenças serão absorvidas pelas pessoas. A comunicação deve ser feita de maneira inovadora, fazendo com que as pessoas vivam e sintam estas crenças.

Como funciona o processo de motivação na liderança?

Enfim, entendo que o sucesso e a capacidade de liderar estão ligados diretamente à capacidade do líder de motivar pessoas. A motivação trata da força que move as pessoas a agirem. É preciso dar-lhes um "motivo" para que entrem em "ação".

Alguns especialistas chegaram a comprovar que motivação é interna. Não se pode motivar pessoas por ser a motivação um sentimento interno, ou seja, são as próprias pessoas que conseguem, ou não, automotivar-se. Na prática, o que existe são **chefes capazes de desmotivar as pessoas**.

O líder não tem direito de acordar desmotivado. É o seu exemplo que faz com que motive outras pessoas a alcançarem objetivos audaciosos. O líder precisa conhecer o que motiva individualmente cada membro da sua equipe.

Em suma, as pessoas são motivadas o tempo todo, e assim procuram fazer as coisas que merecerão prêmios, evitando as coisas que não lhes oferecem satisfação. Na complexidade do ser humano, a noção de "prêmio" é diferente. Cabe então ao líder buscar a noção de prêmio que o motiva e assim procurar a noção de prêmio em cada membro da sua equipe.

VOCÊ pode ser LÍDER?

O líder deve apoiar sua equipe na conquista de suas metas. Dar apoio, ensinar. O comportamento de uma pessoa na equipe muitas vezes é motivado por fatores diferentes. O líder deve possuir a percepção aguçada de cada fator e trabalhar individualmente com foco no objetivo comum.

O processo de motivação da equipe acontece quando o líder traz benefícios para ela. Não somente no grupo, mas também individualmente. Quando cada membro da equipe percebe seu líder de maneira positiva, haverá sempre uma tendência natural dos membros da equipe de segui-lo, pois a sua segurança e confiança são motivos maiores. Existe uma tendência natural de a equipe devolver ao líder seu reconhecimento e sua aceitação como forma de recompensa pelo trabalho em equipe.

O líder deve atuar como um facilitador no processo de oferecer as recompensas que motivam seus liderados. O papel do líder é facilitar o caminho, eliminando neste as armadilhas, pedras e dificuldades no grupo, na empresa.

Liderança na PRÁTICA!

Chegou o momento de você fazer uma profunda reflexão sobre todo este processo de motivação relacionado à capacidade de liderar pessoas. Leia as perguntas abaixo e responda:

1. O que verdadeiramente motiva você? O que é importante para você na sua vida e na sua carreira profissional?

_____
_____
_____
_____
_____

2. O que motiva os membros da sua equipe? O que é importante para eles? O que verdadeiramente valorizam?

_____
_____
_____
_____

3. O que desmotiva você no ambiente corporativo? O que você e só você pode fazer para mudar isso?

_____
_____
_____
_____

4. Qual o grande MOTIVO que você vai oferecer para sua equipe para que ela entre em AÇÃO?

_____
_____
_____
_____

5. Defina agora sete grandes estratégias que você vai adotar hoje para aumentar a motivação da sua equipe!

_____
_____
_____
_____

Anotações

Capítulo 07
Como COMPROMETER minha EQUIPE?

Talvez você conheça alguém que tenha feito as seguintes afirmações:

"Minha equipe não é comprometida!"
"Eu não consigo comprometer os meus funcionários."
"Não existem funcionários verdadeiramente comprometidos!"

**Quais os segredos do comprometimento? O que na prática um líder deve saber e fazer para conseguir uma equipe verdadeiramente comprometida?
Ou seja, como conseguir um comprometimento autêntico?**

Você sabia que o comprometimento autêntico de um funcionário só existe quando ele percebe que seus objetivos pessoais estão congruentes com os objetivos da empresa?

Comprometimento! Este é um dos principais desafios e desejos da maioria dos executivos, diretores e gestores atualmente. A grande maioria dos líderes queixa-se da falta de comprometimento e de responsabilidade de seus funcionários.

Talvez você, como um líder de equipe, neste exato momento

esteja vivendo este desafio, e pensa o tempo todo em formas de fazer com que a sua equipe esteja muito mais engajada e comprometida com os resultados que a sua diretoria espera.

A grande verdade e a causa para esta falta de comprometimento está ligada a fatores intrínsecos do ser humano, conforme já conversamos anteriormente sobre motivação. Ou seja, as pessoas motivam-se e obviamente comprometem-se com algo que esteja relacionado diretamente à sua noção de valor pessoal. Avaliam a todo momento que o que fazem é importante não só para a empresa, seus líderes, mas principalmente para a sua vida pessoal, e muitas vezes esta atitude é inconsciente, gerando comportamentos inadequados.

Qual a solução para a falta de comprometimento?

Alinhar objetivos estratégicos da empresa com os objetivos pessoais da equipe que irá executar as estratégias! Ou seja, um líder deve buscar entender cada membro da sua equipe de maneira individual.

É necessário descobrir quais são os valores motivacionais de cada pessoa, colocando seus funcionários em atividades que tenham relação direta com algo que a pessoa valoriza e tenha prazer em executar. Nenhum funcionário se compromete pelo simples fato de ter obrigação – essa corda é fraca e arrebenta mais cedo ou mais tarde, gerando muitas vezes demissão ou perda do funcionário.

05 Passos para Comprometer uma Equipe!

De uma maneira didática e simples, resumi esta questão em 05 passos. Chamo aqui de os 5 passos para comprometer a sua equipe:

Passo 01 - Entenda seus funcionários, converse e descubra seus valores pessoais. Não existe outra forma de você conhecer seus funcionários a fundo senão conversar com os mesmos. Gere confiança, inspire confiança. Faça perceberem que o seu papel é servi-los e que entender as suas necessidades e valores pessoais é importante para você como líder, para a equipe e para a empresa.

Passo 02 - Busque relação dos valores pessoais com os resultados que você precisa na equipe ou na empresa. Agora é o momento de iniciar o alinhamento. Ou seja, os valores pessoais de cada membro da sua equipe estão verdadeiramente alinhados com os valores da empresa? Você precisa desenvolver e alinhar estes valores. É preciso que você como líder faça seus liderados perceberem a relação entre o que eles valorizam para suas vidas com o que a empresa valoriza. Se esta relação de valores não existe, você está com a pessoa errada na sua equipe. Ela pode possuir grandes competências e conhecimento técnico, porém, não na sua equipe ou na sua empresa.

Passo 03 - Coloque seu funcionário em tarefas, atividades e projetos que tragam prazer pessoal e sejam importantes para os resultados da empresa. É simples assim: coloque as pessoas para fazerem o que realmente gostam e você terá resultados na certa! Se você pensar ao contrário disso, precisa revisar o seu sistema de crenças (de que vamos falar mais à frente). Este é com certeza um dos seus grandes desafios como líder: encontrar as pessoas certas para as funções certas.

Passo 04 - Valorize seu funcionário. Potencialize seus pontos fortes. Canalize suas competências às metas e objetivos da empresa. Não foque no negativo. Não foque nas deficiências. Não foque nos pontos fracos. É tempo perdido! Não exponha os membros da sua equipe em pontos que farão com que eles se fechem ao invés de se abrirem para o autodesenvolvimento. Potencialize o que eles possuem de bom. Foque nas melhores competências de cada um, e descubra como você pode utilizar as competências individuais perante as necessidades da sua equipe e da sua empresa.

Passo 05 - Mensure os resultados, faça análises e ajustes até você conseguir uma equipe realmente engajada e comprometida. A noção de responsabilidade é pura consequência! Ou seja, melhoria contínua. Promova mudança e entre em ação sempre que necessário.

VOCÊ pode ser LÍDER?

Se você achou que era muito difícil ou quase impossível manter uma equipe 100% comprometida, pense no "comprometimento autêntico"! E nos 5 passos que eu lhe apresentei acima.

O COMPROMETIMENTO AUTÊNTICO só é possível e verdadeiro quando a empresa oferece o caminho para que cada funcionário atenda seus objetivos pessoais através do seu trabalho. Pena que nem todos os empresários, diretores e líderes pensam assim...

Faça sua liderança realmente valer a pena! Comprometa-se com sua equipe e tire o melhor dela!

Liderança na PRÁTICA!

É importante, neste momento, que, além de suas REFLEXÕES no final de cada capítulo, você inicie um verdadeiro processo de MUDANÇA. É preciso ENTRAR EM AÇÃO imediatamente para que os seus resultados como líder comecem a aparecer mesmo antes que o livro tenha terminado. Portanto, transforme suas reflexões em ação! Responda cada pergunta a seguir, colocando no papel cada resposta como ação efetiva e prática:

DICA! Você deverá usar os 5 Passos do Comprometimento para conseguir realizar esta tarefa.

1. Faça uma lista com o nome de cada membro da sua equipe. Abaixo do nome de cada um, descreva pelo menos 5 itens que se referem aos principais fatores que causam a falta de comprometimento.

2. Para cada falta de comprometimento, planeje uma ação imediata, que você e só você pode fazer (sem depender da empresa), para buscar o comprometimento. Pense em ações simples e imediatas.

3. No final da lista, você deverá perceber que muitas ações que você definiu para pessoas diferentes da sua equipe são comuns. Portanto, gere um plano de ação global que irá trazer a noção de comprometimento para sua equipe e parta para a ação.

Anotações

Capítulo 08
Você está na ZONA DE CONFORTO?

Como é que os nossos comportamentos afetam diretamente o nosso sucesso? Vamos falar de um lugar chamado "Zona de Conforto"! A zona de conforto é boa ou ruim? Vamos pensar nesta questão...

Por que será que a maioria das pessoas tem medo da mudança? Porque muitos de nós tendemos a nos manter em um lugar chamado "Zona de Conforto". É seguro?!

Em primeira instância, quando eu e você somos indagados sobre o que queremos para nossas vidas pessoais e nossas carreiras, obviamente respondemos: queremos crescer, queremos nos desenvolver sempre, buscando oportunidades de melhorias.

Reflita sobre uma pergunta simples: "Onde você deseja estar?"

Resposta 01: Na plateia assistindo ao sucesso dos outros.

Resposta 02: No palco e no controle de suas ações e atitudes, promovendo o seu sucesso.

Você está no controle de suas atitudes? De suas ações? Você está promovendo o seu sucesso? Você possui segurança sobre o que anda fazendo? Tem certeza de suas decisões? Com que velocidade você sai da zona de conforto em busca de fazer algo melhor ou maior para o seu desenvolvimento? Ou, simplesmente, não sai da zona de conforto?

A maioria de nós tende a saber exatamente o que deve fazer para buscar melhorias em nossas vidas pessoais ou profissionais. Sabemos exatamente o que devemos fazer, mas não fazemos! Sabemos O QUE devemos fazer, mas não sabemos COMO fazer. Simplesmente não damos o primeiro passo.

Não acredito que haja má vontade da sua parte, simplesmente existe "algo" que nos amarra, algo que nos impede! Algo que nos coloca sentados na famosa zona de conforto.

Faça uma análise: como estão os seus comportamentos? Como estão as suas atitudes perante os desafios que aparecem no dia a dia? Você tem a tendência de buscar resolvê-los imediatamente, ou geralmente protela coisas que precisa resolver, aumentando o seu número de preocupações e desgastes?

Como geralmente sabemos o que devemos fazer, mas não sabemos ao certo como fazer, simplesmente ficamos "torcendo" para que nossos desejos aconteçam. Simplesmente cruzamos os dedos e criamos a esperança de que algo melhor venha até nós.

Uma visão prática!

Por exemplo, imagine que você queira emagrecer. Imagine que este seja o seu maior desejo no momento. Você deseja ter um corpo perfeito, magro e sadio e para isso você sabe exatamente o que deve ser feito: comer menos, comer melhor, de maneira mais saudável. Mas, as suas ações e suas atitudes são sempre as mesmas. Existe um desejo enorme aí na sua mente de que você deseja emagrecer, e você fica realmente "torcendo" para que isso aconteça. De vez em quando, até se policia diminuindo a quantidade de pedaços de pizza ou a quantidade ingerida de refrigerantes, faz uma caminhada na rua, mas no final de uma semana ou no final de um mês, percebe que nada mudou e você mais uma vez não consegue impor novos hábitos em sua vida, e ao invés de emagrecer até engorda ainda mais.

Imagine ainda que você queira desenvolver melhorias na sua carreira profissional, buscando qualificar-se em uma outra língua e busca iniciar seus estudos na língua inglesa. Procura estudar sozinho, mas logo abandona os estudos. Procura iniciar seus estudos em uma escola, faz sua matrícula, mas em menos de um mês abandona o curso, procurando desculpas para tal fato.

Mais uma vez afirmo que não existe má vontade, e sim "alguma coisa" que nos prende e não nos deixa desenvolver novas atitudes, novos comportamentos e assim atingirmos os resultados que esperamos.

A zona de conforto é boa ou ruim?

Pense comigo: o que efetivamente você tem feito para mudar? Vamos conversar melhor sobre a tal da Zona de Conforto. Ela é boa ou ruim? Pense comigo! O que você entende sobre sua zona de conforto? Ela é boa ou ruim para você? Pense no nome: "conforto", pois, me parece um local confortável, seguro, tranquilo e confiável. Muito confiável. Ou seja, a princípio me parece um local bom, muito bom, onde estamos protegidos, longe de sermos julgados, avaliados ou criticados. E, como nós não queremos que julguem nossos atos, nossas ações, muitas vezes permanecemos escondidos. Assim nos protegemos. Temos simplesmente medo e insegurança!

Mas conscientemente sabemos que a zona de conforto não é um lugar bom, não é um lugar legal, pois presos em nossas zonas de conforto não vemos oportunidades de melhorias. Dentro de nossas zonas de conforto não encontramos novas possibilidades que possam trazer crescimento e ações que gerem resultados que nós verdadeiramente esperamos.

VOCÊ pode ser LÍDER?

Obviamente, se queremos um resultado diferente para nossas vidas, devemos realizar algo diferente! Pois, fazendo sempre as mesmas coisas, da mesma maneira, é bem provável que vamos conseguir sempre os mesmos resultados.

Então mais uma vez sugiro você pensar comigo: se sabemos que a zona de conforto não é um lugar legal, se sabemos que devemos sair da zona de conforto imediatamente para buscar melhorias, por que ainda permanecemos presos a elas?

A maioria de nós tende a se acostumar com a zona de conforto que nós mesmos criamos. Aos poucos vamos nos adaptando com a falta, com a carência, com algo que não conseguimos e simplesmente aceitamos. Aceitamos que a vida é assim! Aceitamos que o mundo é assim. Aceitamos que nós somos assim. Que nada muda! Que as pessoas não mudam.

Dizemos em nosso diálogo interno: "É assim mesmo...", "Sempre foi assim...", "Isso não vai mudar nunca...", "Eu não vou conseguir mesmo...".

Enfim, resumi aqui os 06 principais motivos por que eu e você permanecemos na Zona de Conforto e não buscamos oportunidades de melhorias:

1. Medo

2. Incerteza

3. Desconhecido

4. Eu me acomodei tão bem nela...

5. Eu não pedi a mudança!

6. Preguiça mesmo.

Liderança na PRÁTICA!

Reflita. Pense!

1. O que efetivamente você tem feito para promover mudanças em suas vidas?

_____
_____
_____
_____
_____
_____

2. Você verdadeiramente quer mudar algo? O quê?

_____
_____
_____
_____
_____
_____

3. A Zona de Conforto é boa ou ruim para você?

_____
_____
_____
_____
_____
_____

Reflita sobre tudo isso e no próximo capítulo vou lhe dizer por que eu e você temos tanta dificuldade para sair da Zona de Conforto... qual é realmente aquela "coisa" que nos "amarra"?! Siga em frente...

Anotações

Capítulo 09
Como nós INTERPRETAMOS O MUNDO?

Todos nós produzimos duas formas de comunicação. A comunicação externa e a comunicação interna. A comunicação externa é com a qual estamos mais habituados, é a forma como nós nos comunicamos com o mundo externo. É como nos externamos em palavras, tons de voz, volume, expressões e nossas ações físicas.

Já a nossa comunicação interna é a forma com que nos comunicamos com nós mesmos. É a nossa "voz interior", é o nosso diálogo interno. É a maneira pela qual nos comunicamos conosco. É a maneira pela qual acessamos o nosso inconsciente, buscando todas as nossas ferramentas internas. A nossa comunicação interna é a forma como vemos o mundo. São as coisas que imaginamos. É a forma como ouvimos as coisas do mundo externo, enfim, é a forma como sentimos e interpretamos os fatos que nos acontecem.

Muitas vezes negligenciada, a comunicação interna é a forma de comunicação mais importante e que mais impacta em nossas ações, atitudes e comportamentos. O mais importante neste momento é nos comunicarmos internamente para entender os resultados que queremos para nossas vidas pessoais e profissionais.

Fatos, significados e resultados!

É preciso entender que os nossos RESULTADOS são criados a

partir dos SIGNIFICADOS que damos para cada FATO que acontece no nosso dia a dia. Somos nós e apenas nós que damos significados para os fatos que acontecem no dia a dia. Nós é que criamos a nossa própria realidade. O fato não é a realidade em si! O fato é a realidade que eu vejo, que eu ouço ou que eu sinto dentro do meu sistema de crenças. Eu e você criamos um filtro com base em nossos sistemas de crenças e assim damos significados que nos são interessantes e pertinentes ao que acreditamos.

E, dependendo do resultado que temos com os significados que damos para cada fato, os nossos COMPORTAMENTOS são gerados. Por isso é que sempre nos comportamos da maneira que nos comportamos! Simples assim.

Os nossos comportamentos, nossas ações são reflexos dos significados que damos para os fatos com base nos resultados que eles geram. Ou seja, se o resultado é o que eu esperava, seguindo meus valores e sistemas de crenças, ótimo! Se o resultado não é o esperado, provavelmente será gerado um comportamento congruente a este resultado.

Erros, acertos e resultados!

Não existem ERROS ou ACERTOS, apenas RESULTADOS. E estes são bons ou não, dependendo da interpretação que damos para tais resultados. É preciso entender que todo comportamento possui uma intenção positiva, pois ele está baseado em nosso sistema de crenças!

Se queremos mudar alguma coisa em nossas vidas, sair da zona de conforto, precisamos descobrir quais são as crenças que nos limitam, que realmente nos impedem de agir. É preciso que você tenha acesso ao seu sistema de crenças, buscando em sua memória momentos específicos de sua vida, de maneira a descobrir crenças que talvez você nem sabia que existiam em seu interior. Saiba que este processo todo é inconsciente, e nem nos damos conta conscientemente de que existe uma crença limitando o nosso sucesso.

VOCÊ pode ser LÍDER?

Para que possamos mudar alguma coisa é preciso buscar as nossas crenças possibilitadoras. É preciso buscar em nossa mente momentos em que fomos muito felizes por resultados fantásticos que conseguimos. Será que você nunca recebeu um elogio no trabalho? Será que nunca na sua vida alguém lhe deu parabéns? Será que nunca houve um momento em que você "mandou muito bem"? Será que você nunca sentiu o doce sabor da conquista, do sucesso? Será que você nunca ouviu aplausos? Com certeza sim! Em algum momento da sua vida você já passou por esta experiência positiva e sabe como é bom.

Assim, é possível entender que todas as ferramentas necessárias para o seu sucesso estão aí dentro do seu inconsciente, só precisa saber acessá-las e acreditar. Acreditar é buscar as suas crenças que lhe dão possibilidades. Possibilidades de mudar, de crescer, de fazer algo maior e melhor.

Pelo simples fato de você abandonar as crenças que limitam as suas ações, você pode também encontrar novas formas de agir e obviamente gerar resultados diferentes e novos. Se estes resultados forem bons, ótimo! Parabéns, pois você acaba de dar um novo significado para um fato. Um significado positivo, gerando assim uma NOVA CRENÇA possibilitadora.

Anotações

Capítulo 10
Lugar de MULHER é na COZINHA?

Por que, mesmo que conscientemente nós saibamos que precisamos sair da Zona de Conforto e até o que deve ser feito, inconscientemente permanecemos nela?

PROCRASTINAÇÃO é a palavra de ordem neste capítulo! Sendo assim, reflita:

Por que será que procrastinamos as coisas?

Por que será que adiamos muitas coisas que deveríamos fazer?

Por que permanecemos inertes na zona de conforto?

Um líder pode procrastinar?

Deixe-me ajudá-lo a entender tudo isso! Nós permanecemos inertes, acostumados e presos em nossas zonas de conforto, pois somos carregados de CRENÇAS que impõem limites. Possuímos um poderoso e complexo sistema de crenças em nossa mente, o qual pode nos impedir de nos desenvolver, de crescer e de obter o sucesso que desejamos.

O que são crenças?

São valores. São valores que norteiam nossos pensamentos e nossas ações. São "coisas" em que simplesmente acreditamos. São "coisas" que ouvimos, aprendemos, recebemos de nossos pais, tios, avós, dos amigos, de quem amamos ou quem confiamos. São "coisas" que acreditamos que são verdades absolutas. Uma crença é simplesmente aquilo em que você crê, ou seja, aquilo em que você acredita.

Por exemplo, quem nunca ouviu as seguintes crenças: *"Lugar de mulher é na cozinha"*, ou ainda, *"... cala a boca menino, homem que é homem não chora!"*. Será que seus pais já lhe disseram que *"Dinheiro não dá em árvore"?* Você já se pegou dizendo para sua namorada ou sua esposa: *"Nossa, você é igualzinha a sua mãe!"*. Já ouviu: *"Pau que nasce torno, morre torto..."* e assim vai? Minha avó sempre dizia: *"... menino, não bebe leite com manga que morre?!"*, você já bebeu? Me conta?! Morreu?

De acordo com a Neurociência, estudamos os sistemas de crenças e como tudo isso funciona no nosso inconsciente. É bem provável que existam aí na sua mente algumas crenças que você ouviu, aprendeu ou "comprou" de alguém. Tais crenças regem a sua forma de pensar e de agir.

Para que servem as crenças?

Vamos entender mais para frente que as crenças influenciam diretamente o seu comportamento. Antes vamos entender para que servem as crenças. Servem para nos guiar, para nos dar um norte, um caminho, para nos direcionar no que devemos ou não acreditar. No que devemos ou não fazer. Nossas crenças nos fornecem limites, nos fornecem segurança, guiam a nossa moral, nossa ética, valores e costumes. Nossas crenças nos impulsionam, nos influenciam a executar determinadas ações. Ou nossas crenças simplesmente nos paralisam, fazendo com que não executemos determinadas ações.

Como é que as crenças são geradas?

Imagine uma situação em que uma criança de aproximadamente sete anos de idade, na noite de Natal, ganha da sua avó, de surpresa, um violão. Imagine a cena, a família toda reunida na noite de Natal, os primos e todas as pessoas que diretamente exercem influência na formação daquela criança.

A criança, ao abrir o presente, toma imediatamente o violão em suas mãos, e ainda sem saber tocar, passa os dedinhos pelas cordas emitindo um som. Neste momento, toda a família, inclusive seus primos da mesma idade, batem palmas, sorriem. A criança recebe os parabéns da família, percebe a empolgação dos primos e ouve que ela pode ser uma grande música no futuro, que ela aprenderá tocar violão rapidinho. E a criança fica muito feliz e vai querer estudar e aprender a tocar o seu violão.

Agora imagine uma mesma criança em outra situação. Ao abrir o presente junto com sua família, toma o violão em suas mãos, passa os dedinhos pelas cordas do violão, e sem saber tocar emite um som. Neste momento a família e os seus primos dão risadas, em um tom de deboche. Alguns vaiam a criança dizendo que ela não sabe tocar o violão. Os primos dão risadas. A criança imediatamente começa a chorar, afasta-se do violão e bem provavelmente não irá estudar e aprender a tocar.

Percebam que o mesmo fato em situações diferentes gerou crenças diferentes! Uma crença possibilitadora que provavelmente irá permitir que a criança aprenda a tocar seu violão, e outro uma crença limitadora, que provavelmente fará com que a criança jamais aprenda a tocar.

Portanto, muitas de nossas crenças são geradas por pessoas de nossa confiança, são geradas em momentos de muita emoção, seja alegria, tristeza, medo ou raiva, e ainda a maioria de nossas crenças pode ter sido gerada em nossa infância, quando estávamos em processo de formação de nossa personalidade, e irão nortear nossas ações no futuro.

Imagine outra criança, uma linda menina que brincando com o martelo de seu pai comete um erro e dá uma martelada pesadíssima em seu dedinho, gerando uma dor incrível e insuportável. Em um surto de choro, com sua emoção alterada, ela vem até sua mãe que imediatamente diz para a menina: "Para de chorar menina! Foi só uma martelada... você vai ver o que é dor mesmo quando tiver um filho!"

Percebeu a crença que foi gerada no inconsciente desta menina? Será que no futuro ela terá medo de ter filhos? É bem provável que seu casamento será abalado em algum momento pois ela terá um bloqueio (muitas vezes inconsciente) de ter filhos. Este bloqueio foi a crença gerada naquele momento na sua infância.

Estudamos ainda na Neurociência que o nosso cérebro é capaz de capturar tudo o que se passa ao seu redor (seja pela audição, pela visão ou pelas sensações), guardando tais informações no inconsciente, ou ainda chamado de subconsciente. Na nossa mente consciente, nem sempre estas informações estão disponíveis. Nem sempre trazemos para a mente consciente todas as informações "arquivadas" na mente inconsciente. Mas quando é necessário, por exemplo, para nos proteger, a mente inconsciente traz uma "vivência", uma "experiência" passada. A esta vivência ou experiência passada, seja positiva ou negativa, chamamos de CRENÇA! Como este processo muitas vezes acontece no inconsciente, não sabemos (conscientemente) por que nos comportamos de determinadas maneiras. Mas o nosso inconsciente sabe! Simples assim.

Podemos representar a mente humana como um grande iceberg, onde apenas uma pequena parte fica evidente, fora da água, ou seja, nosso consciente. E a maior parte, escondida, de tamanho muitas vezes maior que a parte aparente, no fundo da água, é o nosso inconsciente.

Você tem medo de falar em público?

Sim? Busque na sua memória uma ocasião na sua vida, seja recentemente no trabalho ou na sua juventude ou infância, em que você teve uma experiência extremamente negativa ao tentar falar em público. É bem provável que aquele fato gerou um significado negativo em sua vida, pois você pode ter sido exposto a uma situação de desconforto ou de vergonha.

Esta mensagem ficou gravada em sua memória. Foi criado um caminho neurológico em seu cérebro onde esta mensagem ficou arquivada em seu inconsciente. Como o nosso inconsciente tem a função de nos proteger, todas as vezes que você for exposto a falar em público o seu inconsciente faz aquele caminho neurológico no seu cérebro, traz a sua crença à tona (dizendo pra você mesmo que você não é capaz e não pode falar em público), e assim o protege! Seu diálogo interno lhe diz: *"Não se exponha! Não fale em público porque você não consegue. Já tentamos uma vez e passamos muita vergonha... volte para a zona de conforto imediatamente!"*

Liderança na PRÁTICA!

Vamos refletir um pouco para que você possa entender o seu sistema de crenças:

1. O que você acredita sobre a vida?

_____
_____
_____
_____
_____
_____

2. O que você acredita sobre si mesmo?

_____
_____
_____
_____
_____
_____

3. O que você acredita sobre sua carreira?

_____
_____
_____
_____
_____

4. O que você acredita sobre suas competências de liderança?

_____
_____
_____
_____

5. Faça uma lista com 10 pensamentos seus, ou coisas que você acredita que impulsionam e motivam você. Depois, na frente de cada crença possibilitadora que você descreveu, responda como este padrão de pensamento lhe ajudou e lhe trouxe resultados positivos.

_____
_____
_____
_____
_____
_____
_____
_____

6. Agora faça uma lista com 10 pensamentos ou coisas que limitam ou travam você. Depois, na frente de cada crença limitadora que você descreveu, responda como este padrão de pensamento o colocou ou ainda o coloca na Zona de Conforto.

Anotações

Capítulo 11
Você ACREDITA no seu POTENCIAL?

Uma das primeiras atitudes do verdadeiro e autêntico líder é acreditar no seu potencial. Em busca da liderança perfeita, é preciso que você tenha uma crença positiva sobre sua liderança, buscando sempre uma sintonia favorável com relação ao trabalho que você vai executar e o que você pensa sobre você, sobre suas potencialidades, seus pontos fortes, habilidades e competências.

Jamais foque nas suas deficiências, ou nos seus pontos negativos, de maneira a buscar desenvolver ou melhorar as suas debilidades. Esta estratégia nem sempre funciona, fazendo com que você ofereça foco de atenção no que não quer ou no que não deseja. Sugiro que você realmente dê foco no melhor que você tem. Busque desenvolver sempre as suas melhores habilidades e as suas competências, assim, você encontra o seu melhor potencial.

Quando você foca no positivo, por consequência natural os seus pontos negativos são melhorados e autodesenvolvidos sem que você perceba.

A nossa mente inconsciente tem a função de nos proteger, em todos os sentidos. Assim, quando acreditamos que não somos capazes de desenvolver algo, ou que a nossa competência está sendo julgada por nós mesmos, dizemos em nosso diálogo interno frases negativas que possuem o poder de externar em nossas ações. Assim, o que pensamos agimos! Ou, o que pensamos que não podemos, não agimos.

Tenho certeza de que eu não consigo!

Com o objetivo da proteção, quando o seu inconsciente se depara com uma voz interna dizendo: "Acho que não vou conseguir!", "Não tenho certeza que sou capaz de...", ou ainda, "Tenho medo de traçar o caminho para a equipe...", "Eu nunca consigo conduzir uma boa reunião com a minha equipe!", "Nunca consigo negociar com o meu chefe..." estas frases dizem para o seu inconsciente o que você quer, o que você deseja, e ele passa a conduzir as suas funções no consciente de maneira a bloquear as ações que irão colocar você em risco, pois ele quer protegê-lo. Ou seja, o seu desejo é uma ordem!

Não estou pedindo aqui que você use a "força do pensamento" ou algo sobrenatural ou "do além". Não é nada disso! É apenas utilizar uma das ferramentas mais poderosas que você tem a seu favor, ou seja, o seu cérebro.

Quando usamos o nosso inconsciente a nosso favor, ele oferece apoio ao nosso consciente, tomando assim as ações necessárias para que algo aconteça de acordo com o que colocamos em nossas mentes. Corpo e mente são uma coisa só e estão diretamente ligados. O que pensamos o nosso corpo executa! O que pensamos que não queremos o nosso corpo não executa. É simples assim.

VOCÊ pode ser LÍDER?

Portanto, cabe a você tomar uma decisão simples e ao mesmo tempo séria. O que você deseja? No que você acredita? Pois, se acreditar que é capaz, a sua mente e seu corpo irão trabalhar de forma integrada para que o seu desejo seja alcançado.

Obviamente muitas coisas podem acontecer no seu caminho, fazendo com que você rapidamente deixe de acreditar que é possível, pois com certeza existem variáveis ao seu redor que fogem do seu controle e não estão sob seu comando. Mas aprender a lidar com estas adversidades pode ser o seu grande diferencial como líder.

Acredite! Acredite sempre! Tenha foco, não desista. O que também diferencia uma pessoa de sucesso de pessoas que não conseguem obter o êxito é a forma como lidam com as dificuldades.

Quando encontramos uma barreira, podemos nos conformar ali com aquela situação e não fazer nada para mudar, acreditando que aquilo é mesmo para você e que não merece algo melhor que aquilo e assim acredita que não pode. Assim, você perde a sua iniciativa e permanece na zona de conforto.

É preciso muita persistência e perseverança. É preciso estar focado nos seus objetivos em busca das suas realizações. Você não pode fazer as coisas pela metade! Quantas vezes você já começou um novo projeto, seja ele pessoal ou profissional, e depois de algumas dificuldades abandonou a sua conclusão acreditando que as dificuldades são maiores que a possibilidade do sucesso? Quantas vezes você já desistiu? Tenha foco, não desista e acredite sempre no seu potencial.

Simplesmente acredite e trabalhe muito. Trabalhe por horas a fio. Trabalhe duro, mas acredite e trabalhe focado nos seus objetivos. Os seus objetivos serão a ponte para você alcançar os seus sonhos. Ouse sonhar e acredite nos seus sonhos!

Entenda que, no seu processo de desenvolvimento como líder, uma das grandes percepções que o habilita a ser um líder verdadeiro é a capacidade de lidar com crenças positivas. Antes de mais nada, acredite! Acredite no seu potencial e no potencial dos membros da sua equipe.

Um dos principais papéis do novo líder, do que chamo de líder do futuro, é o de desenvolver pessoas. O líder que promove o crescimento de cada membro da sua equipe cresce junto com ela, faz a empresa crescer e os resultados são fantásticos. Portanto, acredite no potencial das pessoas. Acredite no desenvolvimento das pessoas.

Liderança na PRÁTICA!

Reflita comigo:

1. Qual é o seu diferencial?
_____
_____
_____
_____
_____
_____

2. O que você tem de melhor?
_____
_____
_____
_____
_____
_____

3. O que você tem de bom que, se potencializado, pode transformar ainda mais a sua liderança?
_____
_____
_____
_____
_____
_____
_____

4. De todos os seus pontos fortes, quais são aqueles que, potencializados, podem alavancar os demais?

_____
_____
_____
_____
_____

5. Pegue papel e caneta e escreva para cada membro da sua equipe uma grande qualidade, e depois defina que ações efetivas você pode fazer hoje mesmo para potencializar cada qualidade.

_____
_____
_____
_____
_____
_____
_____
_____
_____
_____
_____
_____
_____
_____
_____
_____

Anotações

Capítulo 12
Qual o seu RUMO? Assuma seu papel como LÍDER!

Como *Coach*, pensei em instigar você a pensar em alguns pontos extremamente importantes para o seu desenvolvimento de liderança. E estes possuem relação direta com o seu desenvolvimento pessoal e profissional ao mesmo tempo.

Você sabia que milhares e milhares de pessoas simplesmente não sabem para onde estão caminhando em face do seu desenvolvimento pessoal ou profissional, por não saberem o que querem da vida?

Napoleon Hill, que foi um dos homens mais influentes na área de desenvolvimento pessoal, após estudar a vida de mais de 16 mil pessoas, ao longo de 20 anos, descobriu que 95% das pessoas sequer tinham um propósito de vida definido!

Tomei a liberdade de lhe fazer algumas perguntas para apoiá-lo na expansão da sua percepção com relação ao rumo que você dá a sua vida e a sua carreira.

Primeira pergunta: "Você tem sonhos e objetivos?"

O que você realmente tem feito em busca dos seus objetivos e metas pessoais, bem como seus sonhos mais audaciosos? Você está "sentado" na Zona de Conforto assistindo o sucesso dos outros ou tem claramente as suas ações definidas em busca dos seus resultados? Que resultados você deseja para sua vida? O que você deseja?

Segunda pergunta: "Qual a sua visão de futuro?"

Você tem uma visão clara com relação ao seu futuro? Você sabe exatamente aonde você vai chegar? O que vai conquistar? O que você precisa desenvolver? Quais são os passos para o sucesso que você deseja? Como você se vê daqui a dois, cinco ou dez anos? Onde você vai estar? Quanto vai ganhar? Quem estará contigo? O que você terá? Planeje o seu futuro! Monte o seu projeto pessoal e profissional e siga à risca: FOCO!

Para você começar a planejar sua própria carreira e vida pessoal, é preciso fazer uma análise a respeito das suas competências, seus recursos internos, seus recursos externos e assim definir suas estratégias e ações para sair da Zona de Conforto. Portanto, eis a próxima pergunta...

Terceira pergunta: "Quais são os seus talentos?"

No que você é bom? O que você "manda bem"? O que você domina? O que você faz com total destreza e sabedoria? Quais são as suas forças? Seus pontos positivos? Quais oportunidades o mercado lhe oferece? Aproveitando a análise: quais são seus pontos fracos? Quais são as ameaças que o mercado lhe oferece? Perceba quais são seus pontos fortes e os potencialize! Não dê foco as suas fraquezas, apenas saiba que elas existem. Foque no incremento de potencial de suas forças. Foco no positivo!

Pense ainda o que limita o seu crescimento e o que o impulsiona. Assim, reflita sobre:

Quarta pergunta: "Quais são as suas crenças?"

Quais são as crenças que o limitam? Quais são suas maiores crenças limitadoras? Pense ainda: quais são suas crenças possibilitadoras? O que você pensa sobre a vida que o possibilita? No que você realmente acredita? Na limitação ou na possibilidade?

Você tem certeza que deseja ser líder?

Enfim, defina suas metas. Tenha uma "Meta Fim". Saiba exatamente aonde você vai chegar. Planeje suas "metas meio" ou "metas de performance". Defina metas de curtíssimo prazo, para a próxima semana, para o final do mês, para o final do ano. Planeje depois metas de médio prazo, para dois anos, três anos ou cinco anos. Defina metas de longo prazo, metas de dez anos!

Tais perguntas buscam uma reflexão muito simples: o real motivo pelo fracasso está diretamente associado à falta de rumo! Está associado com a falta de projetos de vida, com objetivos claros e muito bem definidos. Quando não definimos a direção de nossa evolução, obviamente qualquer caminho serve, e assim perdemos muito tempo, dinheiro, saúde, relacionamentos, empregos, empresas e energia nos desgastando com coisas que nos levam a várias direções.

Perceba que, todas as vezes que você sente que a sua vida está sem rumo, que a sua carreira profissional não evolui, que seus relacionamentos estão perdidos, seus propósitos não estão bem definidos! O que você sente? Insegurança? Falta de poder? Indecisão? Fraqueza? Não possui as atitudes corretas para lidar com a sua equipe?

Em minhas palestras conheço pessoas de todos os níveis. Aquelas com resultados acima da média, que possuem uma visão extremante clara do que querem, aonde irão chegar e o que terão que fazer para alcançar seus objetivos. Mas, infelizmente, conheço muitas (a maioria delas) que possuem um nível de insatisfação gigantesco. Reclamam da vida, da economia, do governo, contam histórias, acreditam em justificativas para a sua falta de sorte, e possuem fortes crenças de que estão fadadas ao fracasso e à escassez.

Tais pessoas sabem exatamente aquilo que não querem da vida! Sabem perfeitamente aquilo que não desejam. Não desejam mais sofrer, não desejam mais ficar sem dinheiro, não desejam o emprego atual, não desejam os relacionamentos familiares, de amizade e amorosos que possuem hoje. Ufa! Quantas lamentações...

Quando pergunto a estas pessoas: "Mas o que você quer? O que realmente você deseja da vida? O que você gostaria de ter no lugar? Qual o seu propósito de vida?", elas não sabem responder!

A maioria de nós sabemos claramente o que não queremos, mas raramente sabemos aquilo que queremos!

Você sabe por que isso acontece? Porque, além de não terem um projeto de vida pessoal e profissional bem definido, tais pessoas não focam seus esforços em seus verdadeiros talentos naturais!

Quando colocamos foco no que realmente gostamos de fazer, é bem provável que estamos lançando mão dos nossos talentos. Neste momento nossos esforços se concentram em algo que realmente faz sentido para nós. Cria-se assim, em nossas mentes, uma forte conexão com nossos valores pessoais.

Liderança na PRÁTICA!

Com base nas quatro perguntas deste capítulo, monte para você um plano de foco e ação imediato. Descreva seu hoje. Onde você está? O que você é? O que você tem hoje? E descreva o seu futuro (coloque data e prazo). Onde você estará no futuro? O que será? Quem será? O que terá?

_____
_____
_____
_____
_____
_____
_____
_____
_____

Qual é o seu verdadeiro talento? O que você realmente faz com prazer, muito prazer? Volto a perguntar: o que motiva você?

_____
_____
_____
_____
_____
_____

Peço que reflita de verdade: defina seu rumo! Escreva seus objetivos. Comece com metas de curto prazo, mas tenha um grande propósito de vida. Descubra claramente para que você vive. Quais são seus sonhos mais audaciosos...

_____
_____
_____
_____
_____
_____

Feito isso, crie seu plano de ação. Busque foco e gere ação. Mas entenda que o seu plano de ação tem que estar fortemente pautado em coisas que realmente motivam você, que você goste, ou seja, foco nos seus talentos. Fique tranquilo, pois se você não tiver talento para a liderança, podemos desenvolvê-lo, afinal de contas, é por isso que você está lendo este livro e se dedicando tanto ao seu desenvolvimento, não é?

_____
_____
_____
_____

Busque viver pelos seus mais profundos propósitos, utilizando seus talentos na potencialidade máxima! Seja o verdadeiro líder do futuro. Você pode? Você pode ser este líder? Qual o seu rumo? Assuma o seu papel como líder. Já!

Capítulo 13
A LIDERANÇA com FOCO em RESULTADOS!

Em um mercado altamente competitivo, inovador e agressivo, as empresas necessitam de líderes preparados e qualificados para alcançar resultados cada vez mais audaciosos.

Os resultados em aumento de vendas, ganho de produtividade e redução de custos são atingidos quando a empresa investe na preparação de seus líderes. Liderar sem foco não faz o menor sentido! A liderança corporativa moderna deve estar focada obrigatoriamente em resultados concretos e palpáveis.

Liderança na PRÁTICA!

Para tanto, reflita:

1. O que são resultados para você? Quais são os resultados que sua empresa espera?

_____
_____
_____
_____
_____
_____

2. Quais indicadores de desempenho ou de performance você precisa medir e controlar para apresentar seus resultados na empresa?

_____
_____
_____
_____
_____

3. Como você mensura ou vai mensurar os resultados de cada membro da equipe?

_____
_____
_____
_____
_____

4. Como você mensura ou vai mensurar os resultados da equipe ou da sua área?

_____
_____
_____
_____
_____
_____
_____
_____

O líder como desenvolvedor de novas competências e atitudes

O líder deve ser capaz de desenvolver novas competências e atitudes que favoreçam o trabalho colaborativo, transformando-as em equipes de alto desempenho. Alto desempenho significa a capacidade de superar as próprias expectativas, sob comando e controle das situações atuando em cenários complexos e sob pressão.

A liderança focada em resultados inspira e instiga seus liderados na superação de suas metas, desenvolvendo a constante capacidade de inovação de ideias. A criatividade é o ponto forte desta abordagem.

Inspirar a equipe em momentos de calmaria, de tranquilidade pode ser uma tarefa simples. Porém, motivar equipes em momentos difíceis é o desafio. Em momentos de crise, seja da empresa ou relacionada ao mercado, as emoções estão explicitamente alteradas, os níveis de estresse estão altos devido aos prazos e urgências nas tomadas de decisões.

Nestes momentos, o líder deve preparar a sua equipe para as situações difíceis. Deve atuar como um treinador que apoia a equipe, na figura de um promotor constante do desenvolvimento de criatividades para inovação e busca de soluções nos momentos mais críticos. É preciso que a liderança focada em resultados busque o desenvolvimento humano e o alinhamento da transformação de sonhos em metas concretas para cada membro da equipe. O líder deve rapidamente perceber e ajustar os interesses pessoais com as metas e objetivos da empresa e fazer o alinhamento necessário, caso contrário, perde facilmente o poder de motivação da equipe – principalmente em momentos difíceis.

VOCÊ pode ser LÍDER?

Assim, o líder deve atuar como um solucionador de problemas. Deve possuir suficiente determinação, persistência, entusiasmo e capacidade de fazer pessoas entrarem em ação com criatividade e inovação de ideias. O líder deve buscar na sua liderança, independentemente das circunstâncias, uma visão comum, focada em direções únicas e centradas nos objetivos a serem alcançados, intermediando e fornecendo um ambiente seguro, proporcionando interações entre os membros da equipe, fazendo com que os resultados sejam alcançados com o esforço justo, sem desgastes e sem desperdícios de tempo e recursos.

Por fim, deve trabalhar a excelência como um processo contínuo, melhorando a cada dia o relacionamento interpessoal da equipe e a comunicação assertiva e eficaz. Enfim, paixão para trabalhar com e para as pessoas!

Qual o papel do líder do século XXI?

Parafraseando Peter Drucker, o pai do *management*, o principal papel do líder é o de selecionar, treinar e desenvolver PESSOAS, encontrando nelas os melhores talentos, desenvolvendo-as com o objetivo de nunca as perder e consequentemente trazer RESULTADOS palpáveis para a corporação.

Lembrando, como já dissemos anteriormente, que você como líder deve possuir a capacidade ilimitada de conhecer o interior de cada membro da sua equipe, seus sonhos e seus objetivos, transformando rapidamente em resultados concretos alinhados com as estratégias da empresa.

O líder deve ser capaz de alinhar os interesses da equipe, ajustando aos objetivos da empresa, transformando estes objetivos em resultados, procurando a inovação de ideias, a criatividade, a quebra de crenças limitantes, a queda de paradigmas e assim buscar o desenvolvimento pleno das potencialidades de cada membro da equipe em busca de um objetivo comum.

Ao mesmo tempo, o desafio do líder é manter as identidades individuais, de forma que as pessoas mantenham a sua individualidade e não virem uma massa discriminada. O talento de cada recurso na somatória do grupo é que fará a diferença!

A complexidade dos negócios e o foco do líder do século XXI

O desafio do novo líder é buscar soluções cada vez mais inovadoras, pois a forma de conduzir os negócios é diferente a cada dia. Com o aumento da complexidade dos negócios, do mercado, das relações de trabalho e da sociedade em geral, os líderes em linhas gerais não se sentem preparados para enfrentar os desafios cada vez maiores.

Os desafios de antigamente parecem hoje fáceis, pois já foram enfrentados e consequentemente ultrapassados. Mudanças e inovações é que assustam. Elas acontecem numa velocidade mais rápida do que os líderes podem absorver. Hoje a concorrência é muito maior que antigamente e o nível de tecnologia empregado nos negócios também. Cada vez mais faz-se necessário que o Líder esteja atualizado neste constante processo de mudança. O conhecimento, domínios das novas tecnologias e conduzir o processo de inovação constituem o grande segredo do líder para o século XXI.

Definir o que é complexo é o primeiro papel do líder. Complexo não significa que é algo complicado, apenas algo nebuloso, incerto. É sim difícil de enquadrar ou definir. Enfim, o líder deve perceber que não importa na verdade se o ambiente em que ele atua é complexo ou não. A empresa em que ele trabalha não quer saber isso. O que é preciso mesmo é saber se o líder está ou não preparado para este cenário complexo de se administrar.

Por natureza o ser humano acredita que no passado era tudo mais fácil. Que os negócios eram mais fáceis de administrar. Que as metas eram menos arrojadas, que as pressões eram menores. Enfim, esqueça o passado! Ele nos serve como referência, como experiência, agregando conhecimento histórico que pode servir ao líder ou não – neste processo de tomada de decisão. O líder deve guardar as lições aprendidas no passado, buscando modelos de inovação para resolver os problemas do presente e planejar o futuro.

O desafio é preparar-se para o futuro. O passado nos serve como experiência, e o presente é o momento de planejar o futuro.

Peter Drucker sempre afirmou que fazer planos é essencial. O plano é uma linha, é um norte a ser seguido. Dá para nós o caminho e o direcionamento. O segredo está na capacidade de enxergar novos direcionamentos no plano quando as mudanças surgem. O plano é um ponto de partida para alterações futuras. Sem um planejamento, ajustar o novo rumo das coisas é ainda mais complicado.

O líder precisa de foco. O líder precisa de uma meta, precisa de um alvo. Alvos fixos são cada vez mais raros no mercado hoje. O desafio está em mirar e acertar os alvos móveis. Alvos móveis precisam de líderes e empresas cada vez mais flexíveis. A flexibilidade é algo que o líder deve possuir na sua caixa de ferramentas. A complexidade dos negócios faz com que os alvos mudem a todo momento. O sucesso do líder está na sua capacidade de adaptar-se melhor às condições de mudanças.

Os grandes líderes são os agentes de mudanças. Eles conduzem a mudança. Não são elas que o conduzem e sim o líder que está no controle. Os líderes são os agentes de mudanças e não os alvos da mudança. O líder deve seguir o fluxo das mudanças, conduzindo suas equipes, os negócios e ajustando as metas das empresas neste rumo, porém, é dele a capacidade de criar e reconstruir o fluxo das coisas.

A condução da mudança está nas atitudes corretas do líder. Mesmo que a complexidade nos negócios exista, muitas vezes o líder complica excessivamente os negócios de acordo com as atitudes que toma para resolver uma ou várias questões. O risco da incerteza é uma oportunidade. No caos se faz o líder. Na crise é que se encontram as verdadeiras e grandes soluções. Independentemente do tamanho da complexidade dos negócios, o que importa mesmo é a capacidade de o líder estar preparado para gerenciar este processo desafiador, que o fará maior, mais forte e seguro do seu sucesso, da sua equipe e do sucesso da empresa.

Liderar não necessariamente é apenas vencer, mas sim como o líder se comporta diante da possibilidade de não vencer.

Recebemos hoje um volume de informações muito maior do

que podemos absorver. Causa-nos estresse e angústia a quantidade de textos que deveríamos ter lido por dia, a quantidade de telejornais que deveríamos ter assistido, os inúmeros e-mails corporativos e demais informações que nos são jogadas a todo momento e não damos conta de absorver nem 10%.

O líder neste cenário precisa ter uma consciência muito clara e uma serenidade muito ajustada para que realmente possa separar neste mundo de informações aquilo que realmente interessa e obviamente conseguir serenidade para conviver com o constante excesso de estímulos. A personalidade do líder deve saber claramente o que ele quer, deve possuir seus objetivos claramente, mas jamais se esquecer que deve estar aberto às novidades.

O líder deve adotar a seguinte postura: a informação só é excessiva quando não é interessante ou não faz parte do centro de interesse do líder no momento. A angústia acaba sendo gerada pela indefinição da procura da informação relevante e não pelo excesso de oferta de informações.

O líder do futuro deve desenvolver uma mente focada na inovação de ideias e nos resultados. Foco é o que interessa. Foco também é a palavra de ordem para o novo líder. A capacidade de adaptação é o segredo para buscar a inovação. E por fim o foco em objetivos, metas e resultados é o trabalho de perseverança (quase uma perseguição) que o líder deve buscar.

Anotações

Capítulo 14
Quais são os FATORES CRÍTICOS de sucesso na LIDERANÇA?

Quando estudamos liderança aos longos dos últimos 20 anos e modelamos estratégias mentais de grandes líderes de sucesso, percebemos claramente que existem verdadeiros segredos que garantem o sucesso.

Aqui estão alguns pontos de maior relevância e atenção para o líder. Os fatores críticos de sucesso são aqueles pontos de gerenciamento do líder os quais podem colocar qualquer projeto a perder. Os fatores críticos, quando bem trabalhados, garantem o sucesso dos projetos em que as equipes estão envolvidas.

Detalhei para você 08 grandes fatores críticos de sucesso:

1. Controle as divergências – Trabalhe com a possibilidade de haver divergências de opiniões dentro da equipe. Promova o consenso. Não tome partido, discuta opiniões e chegue ao bem comum.

2. Lide com opiniões fortes – Atenção redobrada aos membros da equipe que possuem opinião forte, que são formadores de opiniões. Geralmente toda equipe possui alguém que faz o papel do "advogado do diabo", que discute tudo, que reclama de tudo. VALORIZE! O segredo está em valorizar esta pessoa e não a isolar. Faça-a perceber que sua opinião também é importante, mas não é a única.

3. Premissas bem definidas – Uma equipe única, coesa e integrada precisa de regras e premissas muito bem definidas. O que pode? O que não pode? Qual o papel de cada um? Qual deve ser a contribuição de cada membro da equipe? Deixe tudo bem claro e alinhado.

4. Controle as vaidades – Algumas pessoas possuem uma necessidade psicológica de autovalorização, de supervalorização, de excesso de elogios. São vaidosas ao extremo, são verdadeiros "Narcisistas Corporativos". Adoram aparecer mais que os outros, tomam a frente e ofuscam o brilho dos colegas! O seu papel como líder é ajudar esta pessoa a perceber suas atitudes e comportamentos, propondo empatia.

5. Integre valores – Obviamente a sua liderança poderá enfrentar pessoas com valores e motivações diferentes dentro da mesma equipe. Como já estudamos anteriormente, cada um motiva-se pelo seu valor pessoal, utilizando a empresa para que seus verdadeiros valores e necessidades sejam sanados. Assim sendo, o líder deve buscar integrar e complementar os valores uns dos outros de maneira que as divergências pessoais não sejam motivo de discórdia e conflitos.

6. Analise Ganhos e Perdas – Para cada projeto, cada decisão, cada fato, cada ação, cada objetivo definido deve haver uma análise de Ganhos e Perdas. Ou seja, o líder deve promover um aumento de percepção nos membros da equipe para que todos enxerguem: O que ganhamos com este projeto? O que perdemos com este projeto? O que ganhamos se não executarmos este projeto? E o que perdemos se não executarmos este projeto?

7. Promova a colaboração – É necessário que cada membro da equipe colabore, apoiando seus colegas de trabalho em suas tarefas, conduzindo processos de maneira integrada. Este ponto é crítico, pois é muito comum as pessoas executarem "a sua parte" e não se importarem com o trabalho do colega. O líder precisa promover a integração, uma vez que o resultado não é individual e sim sempre da equipe.

8. Quebre os obstáculos – O líder, dentre outras atribuições, deve sempre facilitar e servir aos membros da sua equipe. Caso haja obstáculos para o trabalho ser executado, ou questões de ordem burocrática ou de alçada de decisão superior, o líder deve, de maneira extremamente ágil, resolver tais questões.

VOCÊ pode ser LÍDER?

O líder jamais esquece os objetivos-fins da corporação, bem como o cumprimento das normas, filosofia, visão e missão da empresa. O alinhamento estratégico do negócio deve estar cravado na mente do líder e consequentemente da sua equipe.

O líder deve a todo momento estar consciente do que está acontecendo na sua equipe, no seu grupo e agir adequadamente. Deve estar sempre alerta, sempre atento aos detalhes. Deve estar focado na visão do todo, porém 100% ligado nas ações e atitudes individuais, para assim buscar consciência clara no ato de conduzir a equipe.

A consciência do líder deve proporcionar aos funcionários satisfação pessoal, uma vez que este deve demonstrar claramente a importância de cada membro da equipe para a empresa alcançar os seus objetivos e resultados. Cada pessoa deve ser individualmente valorizada. Cada talento deve ser atentamente considerado!

Desta forma, a liderança faz com que o líder estimule o seu liderado com relação à importância que este possui no todo. VALORIZAÇÃO é agora a palavra de ordem!

O crescimento pessoal de cada membro formará uma equipe também consciente dos objetivos da empresa e, consequentemente, do desempenho pessoal e profissional. Assim, é possível alinhar os objetivos da equipe aos objetivos da empresa.

Liderança na PRÁTICA!

Faça uma análise do seu perfil de liderança atual. Como você lida com cada um dos fatores críticos? A maneira como você lida hoje traz resultados? O que você pode fazer diferente agora?

1. O controle de divergências? O que você fazia para gerar consenso na equipe? Como você deve fazer agora?

_____
_____
_____
_____
_____

2. Opiniões fortes? O que você fazia para neutralizar as opiniões fortes? Como você deve fazer agora?

_____
_____
_____
_____
_____

3. Falta de premissas? O que você fazia para gerar uma base de premissas fortes que promova a organização da equipe? Como você deve fazer agora?

_____
_____
_____
_____
_____

4. Controle das Vaidades? O que você fazia para neutralizar vaidades? Como você deve fazer agora?

_____
_____
_____
_____
_____

5. Valores distintos? O que você fazia para manter uma sinergia na equipe integrando valores pessoais aos valores da equipe? Como você deve fazer agora?

_____
_____
_____
_____
_____

6. Análise de ganhos e perdas? O que você fazia para analisar fatores de ganhos e perdas nos projetos? Como você deve fazer agora?

_____
_____
_____
_____
_____
_____

7. Falta de colaboração? O que você fazia para conseguir a colaboração de todos os membros da equipe? Como você deve fazer agora?

_____
_____
_____
_____
_____

8. Obstáculos e burocracias? O que você fazia para conseguir eliminar barreiras para o trabalho da equipe? Como você deve fazer agora?

_____
_____
_____
_____
_____
_____
_____
_____
_____
_____
_____
_____
_____
_____
_____

Capítulo 15
As ATITUDES do LÍDER

Liderança não se impõe, se conquista. E como se conquista? Por meio do exemplo. Da postura do líder! De suas atitudes que irão refletir no seu exemplo perante os membros da equipe.

Existem pessoas que possuem um CARISMA natural, mas não são líderes, são autoritárias. E o líder não é autoritário. Não deve ser! Ele é um conquistador que compreende as pessoas e as serve. Faz e serve para a sua equipe. É o exemplo de respeito e valorização pessoal em primeiro lugar.

Grandes empresas possuem grandes líderes. E grandes líderes colocam sua equipe em primeiro lugar e, como consequência, suas metas, seus clientes e os resultados corporativos. As atitudes formam o caráter do líder. O seu caráter é respeitado e seguido pela equipe quando esta sente claramente a noção de SEGURANÇA e CREDIBILIDADE.

Quais são as atitudes essenciais da liderança?

Dentre as características essenciais nas atitudes do líder estão a TRANSPARÊNCIA e a SINCERIDADE. Todo líder que almeja criar um clima de confiança e comprometimento no trabalho deve inspirar a transparência e sinceridade entre os seus liderados. Nos relacionamentos profissionais entre líderes e liderados as pessoas colocam a verdade como um dos seus valores fundamentais. É a confiança em jogo!

Lembre-se de que as pessoas motivam-se pelos seus valores. Perceba que muitas pessoas possuem a verdade, a transparência e a sinceridade como seus grandes valores pessoais. Veja isso na sua equipe! Viva e inspire a sua equipe pelos verdadeiros valores que as fazem entrar em ação.

O líder deve possuir COERÊNCIA. Deve ter uma opinião formada. Ser justo, correto e forte. Não há nada pior que um líder que muda de opinião a todo momento. A equipe não se sente segura. As pessoas veem o líder como um formador de opiniões e estas devem ser coerentes. Ações incoerentes criam confusões na cabeça das pessoas e dificultam o processo de tomada de decisão. As pessoas não entendem um líder que toma atitudes antagônicas e muitas vezes sem razão. Um líder precisa ser CONGRUENTE!

Quais são as atitudes que trazem segurança?

É preciso que a liderança traga uma VISÃO POSITIVA. As pessoas positivas geralmente são mais agradáveis, amigáveis e carismáticas. Atitudes certas de um líder!

Uma atitude pessimista diante de um desafio ou uma meta pode causar estresse e desgaste desnecessários na equipe, além de instigar a insegurança.

As chances de conseguir o que deseja sendo positivo são bem maiores que uma visão baseada no negativismo. Realista não é o mesmo que pessimista: por favor, não confunda!

O líder deve sempre dotar-se de uma postura positiva. Deve sempre agir e falar no positivo. Todas as suas ações devem ser para um bom propósito e não para um mau propósito.

Outra atitude que traz segurança aos membros de uma equipe é a noção clara de FOCO. O líder precisa ter foco. Deve tocar vários projetos ao mesmo tempo, definindo foco e prioridades. Jamais pode perder o controle e foco das atividades que cercam um objetivo comum o qual deve ser conquistado pela equipe.

O foco do líder está na equipe. O foco da equipe está na empresa. Os objetivos e metas do líder e consequentemente da equipe estão nos objetivos e metas da empresa. É a liderança focada em RESULTADOS!

VOCÊ pode ser LÍDER?

O líder não pode denegrir a imagem da empresa. O líder deve ser um fomentador dos valores éticos e morais da sua equipe em concordância com a filosofia da empresa. Uma vez em desacordo, o mesmo não deve expor a sua empresa, causando na equipe uma imagem ruim de descrédito. Ele deve agir com sabedoria perante a sua direção, ajustando os pontos necessários, satisfazendo os interesses pessoais dele, dos seus liderados e obviamente da empresa.

Enfim, deve haver uma postura ética e condizente com valores verdadeiros. Entenda definitivamente que as atitudes do líder apoiam o comprometimento e engajamento da equipe. De uma maneira resumida: carisma, segurança, credibilidade, transparência, sinceridade, coerência, visão positiva e foco. Enfim, busque as atitudes corretas e faça com que as pessoas o sigam pelo exemplo!

Liderança na PRÁTICA!

Faça uma breve análise sobre atitudes do líder.

Parte A - Pegue um papel e, sem citar nomes, descreva uma lista com 10 atitudes comportamentais de liderança que você julga serem inadequadas que presenciou ao longo de sua carreira.

_____
_____
_____
_____
_____
_____

Parte B - Após terminar a sua lista, ao lado de cada atitude negativa, coloque uma atitude positiva que o "falso líder" poderia ter realizado no lugar como recurso ou ferramenta.

Parte C - Agora simplesmente reflita sobre as SUAS atitudes atuais e verifique as necessidades de mudança e parta pra ação. Já!

Capítulo 16
Qual o seu ESTILO de LIDERANÇA?

Quando estudamos os comportamentos dos mais diversos tipos de líderes, começamos a encontrar padrões de atitudes e comportamentos que representam os tipos mais comuns de liderança ou, na minha visão, de "falsa liderança".

Quais os estilos dos "falsos líderes"?

Existe um tipo de liderança que chamamos de COERCITIVA. É aquela quem tem como base o poder de coação. Que impõe pena! Que usa o poder da posição hierárquica. É o poder pela força, pelo cargo, pelo respeito forçado!

Coerção está definida sobre o propósito da habilidade de influenciar pessoas através da potencial punição. Obviamente este não é o estilo que as empresas buscam – porém, largamente utilizado em muitas empresas!

Se você conhece "falsos líderes" que agem desta forma, por favor, e peço, por favor mesmo, jamais tenha tais figuras como mentores. E se esta foi uma atitude comportamental que VOCÊ já experimentou, ou que você ainda utiliza como recurso, respondo à pergunta da capa: você NÃO pode ser líder!

Além da liderança pautada no poder da coação, falsos líderes utilizam ainda o que chamamos de LIDERANÇA CONTROLADORA. Tal modelo se apoia no poder de posição e da recompensa. De certa forma mais sutil que na coercitiva, o "falso líder" faz uma manipulação emocional.

Neste modelo o "falso líder" não confia na sua equipe. Existe a crença que há somente uma forma de fazer as coisas certas, do jeito certo: da maneira do líder. Este acredita na incompetência das pessoas. É altamente centralizador e operacional. Acredita que elas não possuem vontade de trabalhar, portanto, cria a necessidade de controlá-las.

Estes "chefes" criam um ambiente tenso, de preocupação constante e até constrangedor, pois muitas vezes gritam para demonstrar poder, apontam o dedo com frequência e dizem sempre o que as pessoas deveriam ter feito, porém, não as orienta de como fazer. Muitas empresas trabalham hoje neste estilo! E você sabe disso...

Mais uma vez volto a lhe pedir, por favor, não se espelhe nestes dinossauros. Aguente firme, é uma questão de tempo, eles estão em extinção.

Quais os estilos de liderança mais adequados?

O novo líder deve possuir em seu portfólio um conjunto de estilos. Deve ter a habilidade de trafegar naturalmente em vários estilos de liderança, possuindo a sabedoria necessária de ora atuar em um estilo e ora atuar em outro estilo.

Seus liderados não são iguais. Não pensam da mesma forma e, portanto, não agem da mesma maneira. Assim, cabe ao líder a capacidade de não ficar preso em um único estilo de liderança, e sim dominar todos os estilos que apresentarei a seguir:

O líder visionário - Este é o estilo de liderança que inspira a sua equipe por meio da visão e da missão da empresa. Pautado nos valores. Na filosofia do negócio. Ensina como e porque as pessoas da equipe ajudam a empresa a alcançar seus objetivos e metas. É um profissional totalmente focado no futuro. Sabe claramente para onde está indo. Sabe o caminho correto e, principalmente, sabe como inspirar os membros da equipe a segui-lo por este caminho visionário.

O líder relacionador – É o profissional que tem sempre um senso de companheirismo muito forte. É responsável por promover a harmonia entre as pessoas. Lida com conflitos de uma maneira muito natural, buscando o relacionamento interpessoal na equipe como foco principal. Busca sempre as conciliações!

O líder democrático – Este é o estilo de liderança indicado para uma equipe madura e muito bem qualificada tecnicamente, pois o líder democrático é um excelente ouvinte, inspira e estimula a cooperação. É um líder com grande capacidade de delegar poderes e delega porque sente segurança e confiança entre os seus. O trabalho em equipe é seu grande objetivo. Raramente se impõe. Aceita as ideias e opiniões dos membros da sua equipe e gera ações na base da democracia.

O líder exigente – É o estilo que atua com um alto nível de exigência. Trabalha com a urgência na realização e cumprimento de metas, focando em resultados rápidos e de curto prazo, assim motiva a equipe com pequenas vitórias. Exige muito de si e obviamente da sua equipe. Geralmente é impaciente e possui um senso apurado de iniciativa. Especialista em necessidades de mudanças emergenciais.

O líder severo – É rígido na sua essência. Famoso pelo jargão: "Manda quem pode e obedece quem tem juízo". Jamais pede, sempre dá ordens. É altamente autoritário e quer as coisas sempre do seu jeito. Obviamente ele perde grandes talentos na equipe pela sua postura incisiva. É sabido que algumas empresas precisam deste estilo de líder quando precisam lidar com situações muito graves, envolvendo cenários complexos, problemas econômicos e financeiros ou ainda por necessidade de lidar com pessoas altamente difíceis e que por algum motivo não podem ser demitidos – como, por exemplo, os *"Vacas Sagradas"*.

Você já ouviu falar dos "Vacas Sagradas"?

As vacas na Índia são sagradas. Ou seja, não podem ser sacrificadas e servir como alimento para a população. Vivem em meio às pessoas, são tratadas de maneira especial, ao passo que poderiam servir de alimento em um país no qual, dependendo da região, possui miseráveis e famintos.

Costumo dizer em minhas palestras, como uma metáfora das vacas indianas, que muitas empresas possuem funcionários "Vacas Sagradas". São aqueles que, por diversos motivos, não podem ser demitidos das empresas.

Geralmente são funcionários mais antigos da casa, com um poder considerável na estrutura hierárquica da empresa. São "parentes dos donos", algumas vezes de "alta confiança", aposentados, possuem "acordos" de estabilidade ou ainda as empresas têm "rabo preso" com tais profissionais.

Esses profissionais engessam as empresas. O processo não anda se não passar por ele. Se não houver o seu crivo ou a sua necessidade improdutiva de centralização de poder. Raramente a direção sabe claramente como lidar com os "falsos líderes vacas sagradas".

Qual são os modelos ideais?

E qual o estilo de liderança ideal? Chamamos de LIDERANÇA ORIENTADORA. Esta é a maneira mais correta! Mais justa. Uma liderança pautada na orientação, na inspiração, na motivação e na força do trabalho em equipe conduzida pelo seu líder.

Neste caso, o líder inspira pelo exemplo, pelos seus conjuntos de atitudes e características de delegar, orientar, ensinar e ao mesmo tempo aprender com a equipe. É uma verdadeira parceria.

A liderança orientadora se faz pelo consenso, pela união, onde cada um tem um papel muito claro e definido, o qual no conjunto se faz o todo. O trabalho possui um foco, uma meta, um objetivo final –

todos sabem o porquê e para onde estão indo. O líder faz apenas o seu papel de orientador no processo. Sucesso na certa! Porém, ainda não muito entendida pelos líderes atuais e nossas empresas. Uma pena, uma grande pena! Por isso eu falo em novo líder ou o líder do futuro. Sim, VOCÊ que está lendo este livro e está dispondo de ferramentas, segredos e estratégias para fazer a diferença!

Em evolução à liderança orientadora temos o LÍDER COACH, o verdadeiro treinador de equipes. Neste estilo de liderança a empatia é o ponto forte. É o líder que ouve pacientemente os membros da equipe e apoia no desenvolvimento pessoal de cada um. O líder coach é capaz de enxergar os pontos positivos de cada membro da equipe, buscando o crescimento individual e potencializando ainda mais o grupo com vistas para os objetivos da empresa. Ele é capaz de fazer conexões entre a competência das pessoas com os resultados que a empresa espera. Mais à frente teremos um capítulo específico sobre este novo estilo de liderança!

Qual estilo devo seguir?

Alguns estilos não lhe caem bem. Outros são a sua cara. Seriam naturais para você! É necessário conversar com os membros da equipe a fim de obter uma visão clara de como a equipe o vê como líder. O autoconhecimento é primordial neste momento.

É muito comum as pessoas enxergarem uma visão distorcida de seus comportamentos. Muitos líderes possuem uma visão distorcida do seu estilo de liderança.

O verdadeiro líder é capaz de possuir uma visão clara da percepção que a sua equipe e seus superiores possuem a respeito do seu estilo de liderança. Este não deve ter a experiência traumática de achar que consegue resolver tudo do mesmo jeito – com o mesmo estilo sempre.

O bom líder entende e respeita as diferenças. Se o ambiente muda, ele muda rapidamente, adapta-se e motiva a equipe no rumo da mudança, buscando sempre estar em sinergia com a sua equipe.

Qual o estilo de liderança correto?

Não existe! Não há apenas um estilo certo ou errado. O que existe é uma composição dos estilos para atender às necessidades de cada empresa e os anseios da equipe. Um líder com apenas um estilo está fadado ao fracasso. O líder adequado é aquele que absorve a capacidade de navegar entre os vários estilos de liderança existentes.

Liderança na PRÁTICA!

Pegue um papel e faça agora uma análise do seu estilo de liderança. Procure descrever, de uma forma bem detalhada, como é o seu estilo. Liste as suas características, suas habilidades. Descreva como você se comporta e como você age. Faça uma análise, compare os estilos descritos no capítulo e verifique as necessidades de melhorias.

_____
_____
_____
_____
_____
_____
_____
_____
_____
_____
_____
_____
_____
_____
_____
_____
_____
_____

Capítulo 17
Como ENCONTRAR, DESENVOLVER e MANTER TALENTOS na EQUIPE?

Cada vez mais os grandes líderes estão sendo escolhidos pelas suas competências e comportamentos pessoais, ao invés de simplesmente pelas suas competências técnicas. Acredite: as questões comportamentais vão distinguir o profissional do futuro! Falo aqui de uma palavra forte e muito poderosa, o seu TALENTO!

Quando comparamos nações, não são apenas os países que são grandes ou fortes e sim as suas empresas que são grandiosas. As empresas não funcionam apenas com máquinas e tecnologias, mas principalmente com base nas competências das pessoas que as conduzem. São os seus recursos humanos que fazem o diferencial.

Acredito infalivelmente que o grande diferencial que faz uma empresa forte e especial no mercado são os seus fortes talentos. Estes são as grandes estrelas do show corporativo.

A verdade é que nenhum time ganha um campeonato com uma equipe fraca e sem talento. O talento é a matéria prima com que se faz a diferença, se faz um craque em um time. As melhores empresas sabem como encontrar os melhores talentos, e mais, encontram formas de mantê-los no jogo. Mais difícil que encontrar um talento é mantê-lo motivado, integrado e comprometido com os objetivos da empresa.

Encontrar talentos no mercado é algo relativamente simples, porém, mantê-los é que é o desafio!

O técnico sabe que ganha o jogo o grupo que tem o melhor time. Sabe a hora de mudar, inovar e ajustar o time. O velho jargão: "... *em time que está ganhando não se mexe...*" está definitivamente ultrapassado!

O talento de um verdadeiro líder está em encontrar oportunidades – mesmo que esteja ganhando o jogo - de ganhar mais, de maneira mais produtiva e mais eficiente.

Todo time precisa de um foco, de uma meta, enfim, de um objetivo-fim a ser conquistado. Qual é a meta do seu time? Quais os objetivos de sua equipe?

Vencem mais as equipes que superam as suas próprias metas. Vence sempre aquelas empresas que encontram formas de exceder seus próprios limites. Se acomodar-se, ou manter seus limites, então a empresa não cresce, não evolui! E, assim, o líder fracassa.

A grande atenção em manter um talento está na possibilidade de não deixar o mesmo se acomodar, relaxar. Geralmente o talento é um craque, como no esporte. No futebol o craque tende a relaxar quando é supervalorizado! Corremos o risco de deixar o craque arrogante, o que fará com que ele entre na zona de conforto e suas habilidades vão deixando de aparecer.

O desafio é manter os talentos na equipe!

A grande verdade é que funcionários talentosos não são tão difíceis de serem encontrados, eles estão por aí no mercado, ou melhor, dentro da sua empresa, na sua equipe! Devido ao seu talento, seu brilho, se destacam facilmente na multidão. Porém, a grande dificuldade é manter estes profissionais na empresa.

O verdadeiro talento deve ser humilde, e este é um comportamento extremamente importante que a empresa deve cultivar se quiser reter os seus talentos.

VOCÊ pode ser LÍDER?

O líder, neste processo, deve desenvolver e promover o crescimento das pessoas. Precisa desenvolver competências e treinar as atitudes. Acima de tudo, o líder deve estar preparado para desenvolver a inteligência emocional na sua equipe, por isso a questão do comportamento é tão importante.

Muitos gestores ainda não perceberam que precisam ter em suas equipes pessoas boas, talentosas, os craques. Falsos líderes temem profissionais que se destacam, por acreditarem que um dia podem ocupar o seu lugar.

Liderança na PRÁTICA!

Façamos uma análise sobre sua equipe!

1. Destaque em uma lista os nomes dos membros da sua equipe que você julga que são verdadeiros talentos.

_____
_____
_____
_____
_____
_____

2. Liste as principais características, qualidades e pontos fortes desses profissionais.

_____
_____
_____
_____
_____
_____

3. Analise quais destas características você como líder pode potencializar nestas pessoas e como você pode fazer com que elas colaborem para o desenvolvimento de demais membros da equipe.

Capítulo 18
A LIDERANÇA com IMAGINAÇÃO, CRIATIVIDADE e INOVAÇÃO

Segundo Ken Robinson, especialista em criatividade, inovação e pessoas: "... *o pensamento criativo não vem do esforço individual, mas do trabalho em equipe*".

Cada vez mais as empresas valorizam profissionais com pensamento criativo. Criatividade passa a ser um dos fatores-chave na contratação de líderes. A imaginação é a fonte da criatividade. Imaginação é a matéria-prima da criatividade. Esta, por sua vez, é a capacidade de colocar a imaginação para gerar novas ideias. Ideias práticas, e quando viáveis e implementáveis, constrói-se a inovação.

Em resumo: imaginação é a fonte da criatividade, é a capacidade de gerar novas ideias, e quando estas são aceitas de maneira prática temos inovação!

Inovar no pensamento criativo significa Inovação de Ideias. Toda inovação tecnológica, por exemplo, começa com a imaginação, a criatividade e consequentemente inovação do pensamento. O líder precisa inovar. O líder deve inovar. O líder deve ter foco no seu processo criativo baseado na inovação de ideias.

O líder tem como objetivo conduzir o processo criativo nos membros da sua equipe. Ele precisa e deve desenvolver o processo criativo nas pessoas. E é muito importante entendermos que inovação de ideias só se faz quando uma nova ideia gera emoção. Quando citamos o desenvolvimento do processo criativo nas pessoas, estamos induzindo *o uso das emoções* alinhado ao pensamento racional.

A imaginação, então, é a capacidade que o ser humano tem de permitir trazer à mente algo que não está disponível fisicamente, e que não é possível ser captado pelos sentidos naturais.

Todas as possibilidades geradas pelo homem provêm do seu poder de imaginação, ou seja, pelo seu poder de criação. Somos criativos por natureza. Quando incentivado, um funcionário pode, por exemplo, com criatividade, transpor a sua imaginação em algo concreto e inovador, onde se desprende totalmente de crenças e modelos que limitam o pensamento criativo. E assim inova! Faz diferente. Provavelmente faz melhor.

Quando incentivamos os membros da nossa equipe a colocar sua imaginação para trabalhar, criamos na prática o processo criativo. Toda e qualquer nova ideia é relevante e válida. Deve ser testada! Somente assim é que conseguimos liderar equipes para desenvolver ideias originais. Fugindo das cópias sem criatividade, apenas reinventadas!

Quando se colocam boas ideias em prática, estas são submetidas ao mercado e este as aceita ou não, ou seja, agregam valor ou não, aí sim chegamos no pleno conceito da inovação – quando aceita! Costumamos ouvir que *"Inovação é a invenção que o mercado aceita!"*

Como usar a criatividade para inovar o processo de conduzir equipes?

A liberdade com responsabilidade é uma maneira simples e coerente de o líder conduzir uma equipe. Grandes líderes liberam parte do tempo de trabalho para os seus funcionários investirem em projetos pessoais, apostando assim no crescimento constante da equipe.

A inovação de ideias nada mais é do que conduzir a mudança como fator principal para criar novas estratégias para a empresa. Assim, o líder na sua essência deve usar a criatividade para inovar o processo de gestão de pessoas e condução de equipes.

O líder deve conduzir a mudança como fator principal para criar novas estratégias.

Equipes de alto desempenho são autogerenciáveis. A liberdade é um processo de inovação na liderança, no qual o líder não controla o horário de ninguém. Uma equipe focada na inovação de ideias deve estar sempre pronta para a implantação de mudanças. Lidar com o novo deve ser algo desafiador e objetivo-fim de uma equipe de alto desempenho.

VOCÊ pode ser LÍDER?

Empresas buscam incessantemente formas de inovar seus negócios e seus produtos. Mas, o processo de inovação não acontece da noite para o dia. O processo de criatividade é preliminar! É preciso que os gestores incentivem e promovam a imaginação. Daí o ciclo funciona.

Assim a liderança criativa funciona. Alimentar a imaginação dos funcionários, criando ambientes favoráveis, onde a liberdade de expressão e a busca de novos conceitos e conhecimentos aconteçam na prática é o segredo para o início de toda esta mudança. Quando enviamos nossos funcionários para fazer um curso, para participar de eventos e congressos – e digo isso inclusive de áreas que não estão diretamente ligadas ao seu trabalho – estamos instigando a possibilidade de abrirem-se para novas ideias. O *networking* e a troca de experiências promovem resultados surpreendentes.

É preciso estimular a imaginação da equipe, integrando-se com grupos de outras áreas ou de outras empresas para que aconteça um novo fluxo de ideias. Empresas onde as equipes não interagem entre si e ficam apenas focadas em suas áreas específicas, presas em departamentos fechados, tendem a ter mais dificuldade de desenvolver o pensamento criativo e assim buscar a inovação.

Anotações

Capítulo 19
Crie um DIFERENCIAL. INOVE!

O que o faz diferente? Qual o seu diferencial? O que coloca você à frente do seu mercado, à frente da maioria dos líderes? O que faz com que o mercado reconheça o seu trabalho como inovador? Qual é o seu verdadeiro diferencial competitivo? Em que você se destaca? Isso lhe interessa? Ou você quer ser mais um na multidão de líderes medíocres? É preciso que você faça diferente. É preciso que você faça a diferença!

Destaco aqui seis palavras de ordem nas quais acredito que você deve basear o desenvolvimento da sua diferenciação:

1) criatividade

2) relacionamento

3) comunicação

4) empatia

5) colaboração

6) carisma.

Primeira: seja criativo sempre. Busque criar sempre algo novo. Teste, invente e inove. Ajuste, faça as mudanças necessárias. Sinta os resultados e crie novamente. A capacidade de criação do ser humano é praticamente infinita. Nunca subestime a sua capacidade de criação. Não tenha limites. O céu é o seu limite! Busque a criação a todo momento. Encontre uma possibilidade de algo novo em tudo o que você vê e escuta. Aproveite todos os acontecimentos para criar algo novo, algo desafiador. Sempre positivo.

Segunda: desenvolva relacionamentos. Seja uma pessoa bem relacionada. Fortaleça o seu networking de uma maneira sadia. Esteja perto de pessoas que o apoiem. Esteja ao lado de pessoas que o ajudarão a crescer, que tenham sintonia com o que você busca e deseja. Afaste-se definitivamente de todos os que o colocam para baixo ou que o deixam para trás. Fique longe das pessoas medíocres, das pessoas que reclamam de tudo. Afaste-se das pessoas que falam mal de outras pessoas. Seja humilde, conquiste a verdadeira amizade, seja sincero, direto e verdadeiro. Seja simples e conquiste relacionamentos profissionais e pessoais duradouros. Um dos grandes segredos da liderança de uma equipe está na sua capacidade de se relacionar bem com as pessoas e estas desejarem estar sempre ao seu lado! Conquiste seguidores.

Terceira palavra de ordem: a comunicação. Acredito infalivelmente que a comunicação é o grande desafio do homem moderno. Informação você tem a todo momento, em todo lugar e de várias formas. Porém, interpretar estas informações, transformá-las em conhecimento que agregue valor e repassar este conhecimento aos demais o faz um homem ou mulher de destaque no mercado corporativo. A sua capacidade de comunicação, seja com um único funcionário da sua equipe ou com um auditório lotado, é que mostra verdadeiramente a sua capacidade de influenciar pessoas e se diferenciar no meio de tantos outros.

A quarta: empatia. Aqui está um dos seus grandes desafios, pois colocar-se no lugar das pessoas não é fácil, pode colocar você à prova dos seus próprios valores e crenças. É preciso colocar-se no lugar dos outros para que você entenda melhor as pessoas, suas necessidades, seus anseios e assim passe a agir e atendê-las da melhor maneira possível, buscando inovação e diferenciação na sua capacidade de empatia.

Acredito que o pior tipo de profissional é aquele que ignora por completo as pessoas. Quando você negligencia alguém, uma opinião, um fato criado por alguém, por mais simples e idiota que possa parecer para você o que você viu ou ouviu de alguém, tenha plena certeza que se trata de um ser humano dotado de coração e mente pensante. Na prática é muito difícil separar razão da emoção. Portanto, dê valor as emoções, às crenças e valores das pessoas, sem críticas ou julgamentos. Antes de falar ou impor algo às pessoas, coloque-se no lugar delas. Empatia! Pense sempre na cabeça do outro ou dos outros.

A quinta é a colaboração. Muito se fala de mercado colaborativo, mas pouco se faz a respeito, porque na maioria das vezes as pessoas não são colaborativas. Possuem verdadeiro medo de transmitir informações, pois isso as diferencia, isso as torna poderosas porque detêm informações privilegiadas. Quando você se mostra uma pessoa colaborativa, as pessoas buscam em você um tipo de parceiro ideal, pois a sua abertura para prestar apoio e estar sempre à disposição faz com que as pessoas busquem segurança na sua figura. Estar disponível e prestar o apoio necessário fazem de você uma referência!

Por fim, a última palavra de ordem, senão a mais importante delas, é o carisma. Uma pessoa carismática é aquela que está sempre com um sorriso no rosto. Está sempre rodeada de outras pessoas. O carismático conquista multidões, conquista a confiança das pessoas. Com carisma, é possível agradar sua equipe, seus diretores e sua plateia de uma maneira extremamente diferenciada.

Cara feia é fome! Foi o tempo em que cara feia era sinônimo de poder ou para impor respeito de cargo e função. Cara feia para mostrar poder já era! Cara feia só afasta as pessoas. Não existe carisma de cara feia! Eliminar a cara feia, fechada, truncada o faz uma pessoa agradável, acessível e carismática.

O carismático cativa as pessoas. Busque o carisma na sua essência! Não mude o seu jeito de ser, busque criatividade, desenvolva bons relacionamentos, seja comunicativo, busque empatia e colabore.

Anotações

Capítulo 20
Posso lhe fazer uma CRÍTICA CONSTRUTIVA?

Muitas vezes já me deparei com as seguintes perguntas dos meus coachees ou durante minhas palestras nos seminários de liderança: *"Meda, qual o jeito certo de fazer uma crítica?", "Como fazer uma crítica sem ofender a outra pessoa?", "Existe crítica construtiva?"*

Dou a resposta fazendo para você outras perguntas: Você gosta de crítica? Como você acha que é o jeito certo? Existe uma forma educada de criticar alguém? Será que uma crítica constrói alguém? Uma crítica realmente ensina? Gera aprendizado?!

Definitivamente a resposta é NÃO para a maioria das perguntas que descrevi nos parágrafos acima. Não existe um jeito certo de fazer uma crítica. Entenda que não há uma forma educada de criticar alguém.

A crítica é um dos principais fatores de geração de conflitos na relação humana. Quando ouvimos uma crítica, estamos ouvindo alguém dar uma opinião diretamente sobre algo que pensamos, algo que fizemos ou algo que somos!

Um dos grandes segredos do relacionamento humano, e obviamente uma grande lição de liderança, está na capacidade de lidar com pessoas sem julgá-las. Quando você julga alguém, está invadindo um espaço na mente alheia. Uma mente cheia de crenças e valores que para a outra pessoa fazem todo o sentido.

Deseja aprender uma das maiores lições de liderança e relacionamento humano? Jamais critique! Não julgue. E nunca desaprove ninguém.

O fato de você desaprovar uma pessoa ou desaprovar suas ações coloca você – perante a outra pessoa – em uma posição de inimigo, de maldade, enfim, de alguém que não quer o bem da outra pessoa.

Eu e você sabemos que nem sempre isso é verdade! Você sinceramente não quer o mal da outra pessoa, não está julgando ou criticando por puro prazer de discordar da outra pessoa (algumas pessoas conscientemente fazem isso – tomara que não seja você). A questão é como a outra pessoa entende ou interpreta a sua crítica, o seu julgamento e a sua desaprovação.

VOCÊ pode ser LÍDER?

Simplesmente mude a sua postura, não critique e não condene. Em lugar de condenar as outras pessoas, procure entendê-las. Por que elas pensaram daquela maneira? Por que fizeram da forma como fizeram? De que recursos elas dispunham no momento? Procure descobrir por que fazem o que fazem. Perceba que esta atitude é muito mais benéfica do que simplesmente o fato de criticar.

Se você realmente não concorda com algo que alguém disse, fez ou faz, e existe em você uma força gigantesca de mudar as coisas, comece por você! De uma forma bem egoísta e positiva será muito melhor para você do que experimentar tentar mudar as outras pessoas.

Tentar modelar as pessoas é muito perigoso. Como escrevemos anteriormente, tanto você como as pessoas possuem valores e crenças que norteiam os pensamentos e os comportamentos. "Bater de frente" com crenças só gera conflitos de relacionamentos.

É preciso lembrar que quando lidamos com pessoas estamos lidando com sistemas complexos e repleto de emoções, onde os comportamentos são produzidos com base em interesses, vaidades, orgulho e mais um milhão de variáveis.

Como escreveu Dale Carnegie, um dos maiores autores sobre o assunto: *"... qualquer idiota pode criticar, condenar e queixar-se – e a maioria dos idiotas faz isso"*. Não seja um deles, pense nisso e mude já.

Enfim, perceba que não existe "crítica construtiva" ou "crítica destrutiva", crítica é sempre uma crítica, soa negativo. Ofende, magoa e machuca. A crítica gera cicatrizes, marcas no inconsciente que limitam as pessoas para buscar uma nova oportunidade.

A crítica, o julgamento, a condenação e a desaprovação afastam as pessoas. Tiram você do verdadeiro caminho da liderança. Um líder orienta e ensina. Um líder não critica. Um líder não julga. Um líder jamais condena.

Como um líder você deve sempre motivar e conduzir pessoas pelos seus talentos, pelos seus pontos fortes. Potencialize as forças de sua equipe. Não exponha as fraquezas! Pense nisso. Faça um teste, mude sua atitude por um único dia. Depois mais um... quem sabe uma semana ou um mês. Depois de alguns anos, perceberá que você atrai multidões...

Anotações

Capítulo 21
Existe segredo para a FELICIDADE?

Sabemos que a Filosofia estuda questões fundamentais dos homens desde o princípio da humanidade. *"Qual o sentido da vida?"*, *"O que queremos da vida?"* e *"O que realmente buscamos?"* são questões existenciais para as quais grandes filósofos como Sócrates, Platão e Aristóteles ensaiaram respostas, teorias e ensinamentos. E, certamente, chegaram a um consenso: todos nós buscamos a tal FELICIDADE!

Obviamente as pessoas entendem a felicidade de maneiras diferentes, pois as pessoas são diferentes e interpretam os fatos e oferecem seus significados de diversas formas, encontrando assim razões para satisfazer sua noção de felicidade.

De uma forma geral, modelada pelos grandes filósofos, podemos definir felicidade como um estado essencial que atingimos quando satisfazemos nossos VALORES pessoais e usamos nossos TALENTOS na potencialidade máxima. Se, desta forma, atingirmos a REALIZAÇÃO (baseada nos valores) e encontrarmos o SUCESSO (usando nossos talentos) e a PLENITUDE, nossa noção de felicidade é alcançada.

Vamos detalhar melhor?

Felicidade é um estado essencial. Não é concreta! Não está verdadeiramente em carros, imóveis ou dinheiro. A grande verdade é O QUE SENTIMOS com estes bens (independentemente do padrão do carro, do tamanho da casa e da quantidade de dinheiro). Todo ser humano precisa deste estado essencial. Mas como atingir? Essa é a questão!

Estudando os grandes filósofos, entendemos que só atingimos a felicidade quando usamos efetivamente nossos verdadeiros TALENTOS.

Todos nós temos talentos, mas é preciso usá-los. E de maneira intensa! Não os usar não nos traz plenitude, não nos traz felicidade. O grande segredo é descobrir quais são os seus talentos, e saber utilizá-los no máximo da potencialidade. Quando potencializamos nossos talentos nos sentimos fortes, seguros, completos e confiantes.

Quais são os seus verdadeiros talentos? O que você faz muito bem? É você que deve se dar o direito de usar os seus talentos em todos os momentos. Se você quer felicidade, é preciso encontrar estes talentos e utilizá-los todos os dias e em todos os momentos. Talento tem a ver diretamente com aquilo que você gosta de fazer, com o que lhe dá verdadeiro prazer!

O segundo elemento que compõe a felicidade são os VALORES. *"O que você deseja para ser feliz?", "O que você valoriza?", "Quais valores pessoais devem ser atendidos?"* Ou seja, o que você realmente quer? O que deseja?

Não é o dinheiro em si. Não é a casa em si, ou o carro que lhe trazem felicidade, mas sim o que você obtém com os bens materiais. Qual a sensação? Qual o sentimento? Qual a emoção? Essas sensações visam atender sua noção de algo que você realmente valoriza: conforto, status, segurança etc.

Para fechar este breve entendimento sobre felicidade é preciso mais uma vez discutirmos sobre CRENÇAS. Além de conhecer os seus valores, é preciso conhecer quais são as suas crenças que autorizam ou não a satisfação destes seus valores e assim buscar a sensação de felicidade plena.

Se você quer ser feliz, aprenda a descobrir quais são os seus talentos, e os potencialize. Se você quer ser feliz, descubra quais são seus verdadeiros talentos e aprenda a viver por eles. Viva intensamente pelos seus valores! Lidere pelos seus valores. Ou seja, é um longo processo de autoconhecimento. E muitas vezes as pessoas não sabem ao certo quem são, quais são seus verdadeiros talentos e o que realmente valorizam na vida.

De uma maneira superficial até achamos que sabemos, mas de uma maneira profunda muitos de nós realmente não sabemos. Ou não paramos para pensar e dar valor à questão. Assim, muitas pessoas se sentem verdadeiramente infelizes pelo simples fato de não atenderem suas noções de valores e por não saberem utilizar o potencial que já possuem.

Liderança na PRÁTICA!

Pense comigo! Quais são seus verdadeiros valores? Você vive pelos seus valores? Pense ainda... quais são seus maiores talentos? Você consegue usar em todos os lugares os seus talentos na potencialidade máxima?

Felicidade da Equipe é Importante?

O líder deve instigar a felicidade na sua equipe. Pessoas motivadas, alegres e animadas obtêm resultados mais audaciosos do que a empresa espera.

Respeito, valorização e felicidade – são os três pilares que garantem resultados. Funcionários felizes trabalham mais. Trabalham melhor e obviamente produzem mais, e por consequência dão mais lucro às empresas.

Pessoas felizes na equipe, resultados surpreendentes!

Resultados consistentes, duradouros e sustentáveis ocorrem na maioria das vezes a longo prazo, com empresas nas quais as pessoas são felizes. O ambiente de trabalha seguro, estável e descontraído motiva as pessoas. Do contrário elas irão trabalhar sob pressão. Uma equipe trabalhando sob pressão nem sempre obtém os resultados corretos.

As empresas possuem dificuldade de reter os funcionários que não são felizes, que são cobrados por resultados como se fossem números e não pessoas. Por outro lado, a empresa capaz de desenvolver a felicidade na sua equipe terá maiores chances de reter seus funcionários. Assim, os resultados mais duradouros têm a ver com profissionais felizes no ambiente de trabalho.

A remuneração tem influência na felicidade da equipe?

Não só a felicidade como a satisfação de um funcionário. As empresas não devem pagar seus funcionários abaixo da média de mercado. Mas é perceptível que as pessoas ainda preferem ganhar um pouco menos num ambiente feliz e seguro do que ganhar mais em um ambiente tenso e infeliz.

Cada vez mais, as pessoas estão valorizando muito mais o ambiente de trabalho. Assim, as empresas que têm funcionários felizes conseguem reter mais a equipe, mesmo que outras paguem melhor. Já se estes estão infelizes, sairão na primeira oportunidade.

A valorização das pessoas pelo líder na condução de equipes de alto desempenho deve, antes de qualquer coisa, garantir que o ambiente de trabalho seja condizente com a sensação de segurança, integridade pessoal e, por fim, traga felicidade.

O líder deve colocar as pessoas em primeiro lugar e fazer um alinhamento dos seus valores pessoais com os valores da empresa.

Liderança na PRÁTICA!

Quais estratégias imediatas você pode aplicar na sua equipe em busca de harmonia, plenitude e felicidade verdadeira?

Anotações

Capítulo 22
Não se APROXIME demais das PESSOAS!

Muitas vezes você deve ter ouvido dos seus chefes antigos, ou dos seus pais ou avós: "Cuidado. Não se aproxime demais das pessoas!", "... mantenha uma certa distância...", "Você não deve misturar as coisas, separe o lado profissional do pessoal!"

Quantas vezes você já ouviu, praticou ou até ensinou que devemos nos manter a uma certa distância das pessoas (no trabalho ou na vida pessoal)? Você compartilha desta crença? Da crença de que se envolver com pessoas é prejudicial e faz mal?

Pergunto isso diretamente a você líder de uma equipe: você prefere manter uma relação estritamente profissional com a sua equipe, afastando-se de questões de caráter pessoal? Sim ou não? Apenas responda a minha pergunta: sim ou não?!

Se a resposta foi "não", você está no caminho da liderança moderna. Se você respondeu "sim", vamos detalhar melhor o assunto.

É importante diferenciarmos CHEFE de LÍDER. O chefe utiliza o poder do cargo, o poder da persuasão e do convencimento pelo simples fato do poder hierárquico. O chefe diz "Vá e faça!"; o líder diz: "Vamos fazer?" Obviamente não é uma diferença sutil, não é?

Tenho plena certeza de que você já foi parte integrante de equipes onde o seu superior estava um pouco (ou muito) acima da equipe. Ou seja, existia uma certa distância, talvez hierárquica, como comentamos acima, ou ainda bem declarada para demonstração de poder.

Entenda que este modelo de liderança é ultrapassado. Este modelo afasta as pessoas. Um líder que afasta as pessoas não é líder. Muitos ainda acreditam que não devem se envolver emocionalmente com a equipe, que os problemas pessoais são simplesmente problemas pessoais, que devem ser deixados em casa. Um líder que não se envolve em questões pessoais é um líder negligente.

Por anos, tentamos buscar equilíbrio emocional no ambiente corporativo (e muitas vezes fazemos o mesmo em casa), nos afastando das pessoas, assim diminuímos os conflitos. Conflitos com as pessoas e conflitos internos também.

Temos a falsa sensação de que nos mantemos em equilíbrio emocional se nos distanciarmos dos problemas e questões pessoais da equipe. Sim, digo falsa sensação, pois perceba que esta conduta, esta crença apenas afasta você dos seus liderados.

VOCÊ pode ser LÍDER?

Uma equipe compartilha. Uma equipe anda de maneira coesa e integrada. Não há como separar emocionalmente questões pessoais de questões corporativas (grande mérito para os que conseguem). O verdadeiro líder se mantém próximo das pessoas que lidera! Ele conhece cada um de maneira individual, entende suas limitações, conhece suas crenças, conhece problemas e desafios de caráter pessoal e age de maneira integral, sem dividir a pessoa ao meio.

Um dos grandes segredos de liderança está na capacidade de o líder respeitar as pessoas em sua integralidade, sabendo que fatores pessoais podem afetar diretamente a produtividade e o desempenho não só da pessoa, mas de uma equipe toda, e consequentemente da empresa.

Um dos grandes pontos fortes da liderança está na capacidade do líder de interagir com as pessoas.

Imagino que muitas vezes você já pecou pelo excesso! Ou seja, já se afastou de pessoas, pois sentiu-se traído, ou pelo fato de tê-las deixado para trás por buscar algo maior para você e elas se sentiram traídas. Aí sim, para evitar o sofrimento e novamente o conflito interno, você prefere "não misturar as coisas e manter uma certa distância"!

Cuidado com essa crença, ela é realmente muito forte.

Entenda definitivamente: um líder só é líder se tiver uma equipe! Uma equipe só acompanha um líder se juntos compartilharem sonhos e objetivos. Portanto, não se torne negligente quanto aos objetivos pessoais e dos sonhos das pessoas da sua equipe. Você pode perdê-las a qualquer momento.

Anotações

Capítulo 23
LÍDER: vejo você no TOPO?!

Você está no topo? Na hierarquia do organograma da sua empresa? Você é o chefe? É o gerente? O diretor? **Se sim, pense comigo: você se sente só?**

Se você está em uma posição de liderança no topo da pirâmide e sente que está sozinho, então prepare-se, pois algo está errado com relação a sua liderança!

Você possui um alto cargo de gestão com grandes metas e objetivos para cumprir? Possui uma grande equipe para gerenciar? Seu nível de responsabilidade é alto? Com tanto poder, no topo da pirâmide organizacional você ainda se sente solitário?

Entenda de uma vez por todas: se você se sente solitário é sinal de que a sua liderança não está sendo seguida! Liderança verdadeira é a liderança que cativa pessoas. Liderança verdadeira é a liderança que conquista seguidores!

Uma grande verdade é que: se você está sozinho no topo, se ninguém o segue, então você não está mesmo liderando ninguém.

"Os bons líderes levam a equipe para o topo."
(John C. Maxwell)

Promover a ascensão da equipe é uma premissa básica no processo de liderar pessoas em busca de resultados. O que acontece na maioria das vezes é que o líder naturalmente se distancia da sua equipe.

Pelo poder do cargo, os falsos líderes criam uma certa distância forjada. Talvez para demonstrar força ou poder hierárquico. Ou ainda para mostrar "quem realmente manda". E é neste momento que eles desconhecem as reais necessidades das pessoas na equipe e as perdem no caminho.

Um líder que não conhece as necessidades de cada membro da equipe e não conhece os objetivos pessoais e os sonhos de cada um jamais conseguirá gerar motivação para a ação efetiva. Assim, as pessoas são forçadas a executar o que precisam porque "o chefe mandou" e não porque foram motivadas para tais ações.

Fatos sobre o topo!

Falsos líderes quando chegam ao topo perdem muito tempo criando estratégias e gerando ações para tentar empurrar para baixo os que lá estão. Por insegurança e medo da competitividade, tais profissionais não entendem que a cooperação e a integração são muito mais interessantes e podem gerar resultados de longo prazo do que estar absoluto e sozinho no topo da pirâmide.

A estratégia de derrubar prováveis adversários é algo que toma muito tempo e consome muita energia. Ao invés de travar esta guerra, os verdadeiros líderes conquistam seguidores que subirão ao topo em conjunto com ele.

Um verdadeiro líder valoriza as pessoas! Um verdadeiro líder possui uma forte iniciativa de ajudar as pessoas ao seu redor. Um líder que apoia pessoas a alcançar o sucesso automaticamente conquista o seu sucesso e permanece no topo. E aí? Vejo você no topo? Pense nisso.

Capítulo 24
COLABORAR ou RETER?

Você já pensou na possibilidade de ter que transferir o seu conhecimento adquirido ao longo de sua carreira para outras pessoas na empresa? Já pensou que aquela informação importante que só você sabe terá de ser transmitida aos outros? Talvez você ainda não tenha refletido sobre a possibilidade de que informação retida não é mais sinônimo de poder!

Eu e você sabemos que há muito tempo informação foi sim sinônimo de poder nas empresas. O modelo de gestão esteve atrelado a chefes, gerentes e diretores que transformaram suas áreas e equipes em verdadeiros "feudos", e outras áreas das empresas precisavam fortemente negociar apoio e integração - quando era necessário.

Ah!? Você ainda conhece empresas assim? Em pleno século XXI? Não é possível?!

Claro que sim... claro que é possível. Mas fique tranquilo, eu tenho uma boa notícia: as empresas que agem assim ou os líderes que pensam assim estão fadados ao fracasso e logo irão sumir do mercado!

Por quê?! Porque cada vez mais as empresas estão preocupadas em colocar em prática um novo modelo de gestão: a gestão colaborativa.

É preciso que você, como um novo líder no mercado corporativo, estimule sua equipe a trabalharem realmente juntos. Não tenha dúvida que esta é a melhor forma de uma empresa competir em um cenário de constantes mudanças e evolução. É necessário realizar mudanças na cultura da empresa, e principalmente na mente dos funcionários, uma vez que a colaboração pode ser tratada como moeda de reconhecimento.

Entenda que o desempenho individual é louvável, mas é um modelo de gestão ultrapassado e com resultados lentos que tendem a travar as operações das empresas.

VOCÊ pode ser LÍDER?

O seu papel como líder neste processo é descobrir as competências individuais de cada membro da sua equipe de maneira que cada um possa realmente contribuir na sua totalidade, porém, buscando o desempenho coletivo.

Perceba que o caminho da colaboração não tem volta. É um dos únicos caminhos para empresas sobreviverem em um mercado em constante renovação e criação de ideias cada vez mais inovadoras. É preciso que haja estimulação constante de ideias, e somente um grupo coeso consegue esta façanha de uma maneira muito mais completa.

Liderança na PRÁTICA!

Para terminar o capítulo, coloquei aqui algumas perguntas para você refletir sobre o seu modo de gestão:

1. Como líder você desafia a sua equipe a compartilhar conhecimento?

_____

_____

_____

_____

2. Sua liderança favorece a criação de ideias de maneira coletiva?

_____
_____
_____
_____
_____

3. Sua equipe constrói uma inteligência coletiva de maneira a criar ideias realmente inovadoras em busca de resultados além do esperado?

_____
_____
_____
_____
_____

4. Sua liderança consegue vencer o desafio de incentivar a transferência de conhecimento de um membro da equipe para os outros, e assim criar um ambiente verdadeiramente colaborativo?

_____
_____
_____
_____
_____

Anotações

Capítulo 25
As 13 COMPETÊNCIAS de LIDERANÇA

Como você já deve ter percebido, estamos na fase final desta nossa obra. É realmente louvável você ter chegado até aqui, pois muitos "falsos líderes" desistem no meio do caminho! Uma pena, pois os verdadeiros segredos e as grandes estratégias deixei para os capítulos finais de uma forma sintética, organizada e prática, para que você realmente busque as competências necessárias para se transformar em um líder acima da média. Interessa a você? Então vamos lá...

Quando falamos em liderança, precisamos tratar o assunto como a arte de lidar com pessoas. Tratamos o assunto com fundamentos comprovados cientificamente, mas também com muita arte, paixão e emoção envolvida. Liderar não é simplesmente conduzir pessoas, liderar é potencializar realizações através de pessoas.

Com foco nas competências (básicas, óbvias e necessárias) de liderança, didaticamente as dividi em 13 competências. Leia, reflita e descubra o que você precisa fazer para desenvolvê-las e incorporá-las ao seu portfólio pessoal e profissional.

01 - Planejamento - O quanto você planeja suas ações? Seus objetivos e metas estão descritos? Possuem prazos para conclusão? Como você organiza sua agenda? Você conduz sua equipe baseado em indicadores de performance, de metas e objetivos pautados em um planejamento de médio a longo prazo, com uma noção de "fim" muito bem clara e definida?

02 - Comunicação - Você se comunica bem? Sua equipe entende o que você realmente quer? Sua equipe obtém resultados pautados no que você havia orientado? Suas orientações são simples, claras, precisas e extremamente objetivas? Você escreve bem? Fala bem em público? É capaz de conduzir toda a sua equipe com argumentos claros e empáticos? Consegue vender suas ideias com precisão? Enfim, o que é preciso para que você desenvolva a sua competência de comunicação com as pessoas?

03 - Motivação - Você se sente motivado a liderar pessoas? Sua motivação é extrínseca ou intrínseca? Ou seja, depende de fatores externos ou depende apenas de fatores internos? O que você deve efetivamente fazer para desenvolver ou melhorar esta competência? Procure descobrir quais são os verdadeiros fatores que motivam você, e mais: descubra os fatores motivacionais de cada membro da sua equipe.

04 - Comprometimento - O que é comprometimento para você? O quanto você se compromete com a empresa? Com a sua equipe? Quais os compromissos que você realmente faz com a sua equipe? Você os cumpre? O que você pode fazer para poder se comprometer ainda mais com os objetivos da empresa e de toda a sua equipe? Tais comprometimentos estão condizentes com os seus objetivos pessoais?

05 - Confiança - Um líder acima da média gera e inspira confiança. Confiança significa segurança! As pessoas tendem a seguir líderes que transmitem segurança e que são confiáveis. Você é uma pessoa que gera confiança? Inspira confiança? É confiável? Transmite segurança?

06 - Transformação - Um verdadeiro líder é aquele que transforma pessoas. Transforma ideias, pensamentos em ações efetivas. Principalmente em ações em busca de objetivos e metas. Qual o seu nível de capacidade de transformar ideias em ações? Como você faz para transformar pessoas em busca dos resultados mais audaciosos?

07 - Congruência - Uma das mais importantes competências de liderança: a sua capacidade de pensar, dizer e principalmente agir devem estar congruentes. Ou seja, dizer uma coisa e fazer outra coloca o líder em descrédito. Entenda que nossas ações são inconscientemente congruentes com nossos pensamentos. Você é congruente? Sabe ensinar congruência para sua equipe?

08 - Visão Sistêmica - Você tem o controle de tudo o que está acontecendo ao seu redor? Sei que "tudo" é muita coisa, uma generalização burra, porém, um líder acima da média consegue ter uma "visão do todo", ou seja, sabe exatamente o que todos da sua equipe estão fazendo, entende os processos de integração da sua área com as demais áreas da empresa. Você sabe exatamente onde se iniciam e onde terminam as responsabilidades da sua equipe?

09 - Ética e Caráter - É muito óbvio escrever que um líder precisa atuar de forma ética e possuir um bom caráter, mas por ser óbvio demais esta competência está sendo deixada de lado, e assim surgem falsos líderes que agem sem ética e até falta de caráter. Você é um líder ético? Seu caráter é corrompido? Pense nisso!

10 - Generosidade - Ser uma pessoa generosa não é apenas uma competência de um bom líder e sim uma grande virtude do ser humano. O líder que envolve o coração naquilo que faz é um líder que coloca as pessoas acima das demais prioridades. Você é generoso? Considera-se uma pessoa generosa? O que você realmente tem feito pelas pessoas? Entenda que o "egoísta" é o inimigo do "generoso"!

11 - Paixão - Uma vez eu assisti uma entrevista onde o repórter perguntava para um ator de televisão quando ele iria se aposentar e parar de trabalhar. E prontamente o ator respondeu: "Nunca! Amo o que eu faço... vou morrer atuando em frente das câmeras...". Pense nisso: você ama o que faz? Tem paixão pelo que faz? Um líder de destaque é aquele que tem paixão pelo que faz! Você tem certeza que gosta do que faz? Está no lugar certo?

12 - Entusiasmo - Você é um entusiasta? Age com entusiasmo? Você conduz a sua equipe com brilho nos olhos? Com um belo e verdadeiro sorriso no rosto? Entenda que uma ideia vendida com entusiasmo ganha muito mais força e credibilidade. Perceba que o seu poder de influência e de persuasão possui maior efeito se for realizado com um entusiasmo verdadeiro. Pense como um entusiasta e haja como um entusiasta.

13 - Empatia - Por fim, fechando as 13 competências de um líder de destaque, você realmente precisa colocar-se no lugar da outra pessoa para poder entendê-la e consequentemente atendê-la. É preciso ouvir. Ouvir muito. Ouvir com atenção redobrada. Ouvir com cuidado e muito carinho. Um verdadeiro e diferenciado líder entende e pratica empatia. E você?

Liderança na PRÁTICA!

Reveja com cuidado as 13 competências, trace estratégias para o desenvolvimento ou melhoria de cada uma destas competências. Dê foco no que você tem de pontos fortes, potencialize cada ponto e busque o desenvolvimento constante. Seja um líder acima da média!

Depende de que para você desenvolver tais competências? Pense nisso e parta para a ação imediatamente!

_____
_____
_____
_____
_____
_____
_____

Capítulo 26
LIDERANÇA em 9 LIÇÕES

Neste momento é preciso retomarmos alguns dos principais pontos abordados no livro e buscar um resumo prático: o que realmente é Liderança? Uma ciência? Uma arte? Um propósito de vida? Uma arte no mundo corporativo? Nascemos líderes ou nos formamos líderes? O que é ser líder? Como um líder se comporta? O que devo fazer para me tornar um verdadeiro líder? Enfim, eu posso ser líder?

Espero que tenha realmente valido a pena você chegar até aqui! Saiba que eu me dediquei muito ao longo dos últimos anos, teorizando, propondo, escrevendo, testando, aplicando, treinamento e ensinando sobre liderança. Com tanta experiência agregada aprendi algumas lições conclusivas, que desejo compartilhar com você a seguir. Dividi em 09 lições de liderança.

LIÇÃO DE LIDERANÇA 01 - Liderança é sim uma arte, a arte de lidar com pessoas. A arte de potencializar vidas. O líder é capaz de descobrir os talentos de seus liderados e potencializar ao máximo tais talentos. O líder não valoriza pontos fracos ou pontos a melhorar. O líder dá foco no positivo e potencializa ao máximo as forças individuais com o objetivo de propagar o resultado do grupo.

LIÇÃO DE LIDERANÇA 02 - Liderar é inspirar. O líder inspira os membros de sua equipe através de suas atitudes e comportamentos. É preciso congruência! Congruência com relação ao que se pensa, se fala e principalmente se faz! Liderar é inspirar as pessoas com uma visão clara da contribuição que elas podem oferecer ao grupo.

LIÇÃO DE LIDERANÇA 03 - O verdadeiro líder cativa. Cativa com as palavras e com o coração. Liderança é falar com o coração ao coração dos seus liderados. O líder conhece individualmente e a fundo cada membro da sua equipe. Conhece suas crenças, conhece suas limitações e, principalmente, conhece cada talento. Valoriza os talentos proporcionando satisfação pessoal, atenção e carinho.

LIÇÃO DE LIDERANÇA 04 - Liderança é paixão. Não há como ser líder se não for apaixonado por liderança. Não há como ser líder se não for apaixonado por pessoas. Tolerância e compreensão profunda do comportamento humano são características essenciais do líder. O líder que direciona sua equipe com paixão proporciona uma liderança altamente diferenciada. Sua equipe reconhece o seu propósito e assim alinha objetivos pessoais aos objetivos do grupo.

LIÇÃO DE LIDERANÇA 05 - Liderança é a capacidade de alinhar objetivos e evocar sonhos. O líder instiga as pessoas a sonharem, a possuírem objetivos audaciosos. O líder encontra formas de transformar sonhos e objetivos em foco e ação. Um verdadeiro líder é aquele que tem a capacidade de gerar ação em seus liderados e alinhar o foco de cada um em busca dos seus objetivos pessoais alinhados com os objetivos do grupo ou da empresa. Ele é capaz de tirar as pessoas da zona de conforto e gerar ação efetiva.

LIÇÃO DE LIDERANÇA 06 - Medimos o sucesso de um líder pelos resultados que sua equipe gera. Não existe um bom líder com uma equipe ruim. Um líder que mantém pessoas despreparadas em sua equipe é um líder fadado ao fracasso. A responsabilidade de capacitar e preparar os membros da equipe também é do líder. A responsabilidade de trocar as pessoas que não possuem o perfil adequado é do líder. Deve ser sempre o líder o responsável pela composição de sua equipe. Enfim, liderança é assumir responsabilidades enquanto os outros buscam ou inventam justificativas.

LIÇÃO DE LIDERANÇA 07 - Um líder deve possuir visão. Visão de futuro, deve saber exatamente aonde irá chegar e como conduzir sua equipe para tal caminho. A visão do líder é ampla. O líder enxerga os dois lados da moeda. Sempre! O líder enxerga as dificuldades como desafios. O líder enxerga as possibilidades de uma situação ou de um fato em específico enquanto outros poderiam apenas reclamar e ver as dificuldades.

LIÇÃO DE LIDERANÇA 08 - Um líder não impõe jamais. Líder pelo cargo não necessariamente é líder. Liderança é a capacidade de subjugar o ego em benefício daquilo que é melhor. Melhor para o grupo, para a empresa, enfim, melhor para o resultado global. Liderar pela força não gera motivação. Motivar pelo poder não é verdadeiro e não se sustenta.

LIÇÃO DE LIDERANÇA 09 - Um líder deve liderar de maneira inconsciente. Suas ações conscientes devem ser tão comuns que suas atitudes e comportamentos já são inconscientes. O propósito do líder deve estar cravado no peito e na mente inconsciente. Isso é muito forte! Chamo esta teoria de "LEADER MIND". É a mente inconsciente do líder em busca dos resultados mais audaciosos. Se você quiser se aprofundar no assunto, o meu livro "Leader Mind!" é uma ótima oportunidade.

VOCÊ pode ser LÍDER?

Pense com carinho nas 09 lições que descrevi acima. Eu não posso garantir o seu sucesso como líder, mas posso garantir que as lições foram modeladas de grandes líderes de sucesso. Posso garantir que o que você fez até hoje não vai garantir o seu futuro. O seu presente, com foco e ação para o futuro, pode desencadear um caminho de sucesso e muitas conquistas pela frente. É assim que pensam os grandes homens de sucesso que habitam ou já habitaram o nosso planeta. Pense nisso!

Anotações

Capítulo 27
Seja um LÍDER COACH!

Escolhemos este tema para fechar o nosso livro devido a sua relevância, pioneirismo e uma tendência garantida! Um líder na sua essência deve ser um treinador de pessoas, um formador de competências, enfim, um *Coach* perante sua equipe. Um LÍDER COACH!

O *Líder Coach* é aquele que utiliza os princípios do *Coaching* para desenvolver pessoas em busca de aumento de performance e produtividade. O *Coaching* é para um líder uma ferramenta fundamental uma vez que o mercado corporativo impõe resultados cada vez mais audaciosos. As empresas hoje buscam líderes capazes de lidar de maneira eficaz com situações que exigem extrema flexibilidade, capacidade de criação e inovação de ideias.

Neste contexto, algumas habilidades são necessárias para um *líder coach*, por exemplo: uma visão sistêmica, ou seja, uma visão do todo. Tal habilidade traz maior perspectiva e amplitude do reflexo de suas estratégias diante de ações isoladas. Assim, é possível manter o foco no que realmente importa e promover clareza e direcionamento para os membros de sua equipe.

Um líder ruim é aquele que não sabe direcionar o caminho. Um líder péssimo é aquele que aponta o caminho errado. Um Líder Coach fornece caminhos variados, cria oportunidades e desenvolve pessoas para encontrarem qual é o melhor caminho.

Outro papel extremamente importante do *Líder Coach* é conhecer profundamente as competências, habilidades e talentos individuais de sua equipe. Um verdadeiro líder não valoriza fraquezas ou pontos de melhoria e sim potencializa forças! A capacidade de explorar os talentos das pessoas faz com que estas estejam sempre motivadas.

Motivar pessoas é dar espaço para que elas façam o que realmente gostam e utilizem seus talentos para tal. O líder que consegue dar espaço aos talentos, valoriza e causa muito mais impacto na equipe.

Tais atitudes fazem com o que *Líder Coach* seja realmente um agente de transformação e fonte de influência positiva. A conquista de seguidores se dá pelo exemplo. O poder da influência é conquistado de maneira simples e sutil, não pela força do cargo, mas pelo poder de influenciar pelo exemplo. Assim, o líder promove grandes desafios. Desafios de aprendizado e de crescimento.

VOCÊ pode ser um LIDER COACH?

Coaching é aprendizado! *Coaching* é evolução. É um processo. Um processo de transformação, onde o agente de mudança é o líder que gera contribuição e desenvolvimento aos seus liderados. Pense em como você lida com a sua equipe! Quais as verdadeiras contribuições que você consegue promover no desenvolvimento de sua equipe? O quanto você conhece, reconhece e valoriza os talentos individuais? Como você promove mudança?

"No futuro todo líder será Coach"

Esta frase é de Jack Welch, o lendário CEO da GE. Quando Welch escreveu esta afirmação, obviamente ele estava se referindo às novas competências de liderança, ou seja, as novas competências que irão destacar os atuais líderes dos demais em um futuro muito próximo. São competências relacionadas ao DESENVOLVIMENTO e TRANSFORMAÇÃO de pessoas!

Em resumo, um *Líder Coach*:

1. Deve dominar um conjunto de ferramentas, técnicas e conceitos que trarão foco e direcionamento e assim proporcionar foco para sua equipe.

2. Deve desenvolver competências emocionais para lidar com adversidades. Deve desenvolver, antes de mais nada, a autoconfiança, ampliando assim suas opções e recursos internos para lidar com as mais variadas situações.

3. Além do desenvolvimento de suas competências emocionais, deve buscar ampliá-las para aprender a lidar com as suas próprias emoções e dos membros da sua equipe, entendendo as necessidades específicas de cada um, prestando o apoio necessário.

4. Além disso, um *Líder Coach* deve elevar a sua capacidade de promover mudanças e melhorias contínuas, bem como desenvolver tais competências nos membros da sua equipe.

5. Desenvolver ao máximo as capacidades de relacionamento interpessoal, de maneira a comunicar-se e interagir com excelência, buscando apoio, participação, comprometimento, potencializando tais competências nos membros da equipe.

Anotações

Capítulo 28
Não importa o que VOCÊ SABE...

Não importa o que você sabe e sim o que você faz com o que sabe!

Hoje, eu e você somos inundados de informações por todos os lados, seja pela televisão, jornais, revistas e principalmente internet. O volume de informações que recebemos diariamente é muito maior que a nossa capacidade de retenção e de absorção.

Uma informação perdida, sem contexto, sem necessidade, ou ainda sem uma base de conhecimento para interpretá-la é uma informação desnecessária.

O ser humano precisa transformar informação em base de conhecimento para que possa tomar uma decisão.

O poder de decisão é que faz com que nós possamos realmente direcionar um foco, um caminho a seguir, uma estratégia corporativa a ser implementada e assim por diante. A capacidade intelectual do ser humano, com base em seus conhecimentos prévios, seus sistemas de crenças e suas necessidades, faz com que uma informação torne-se relevante e uma real base de conhecimento.

Entenda que: informação sem interpretação para gerar uma base de conhecimento para decisão é uma informação sem sentido. Uma verdadeira perda de tempo!

Quantas vezes você já leu algo extremamente inútil? Quantas

vezes você já assistiu a programas de televisão onde as informações não agregavam nada no seu dia a dia pessoal ou profissional? Quando tempo você já perdeu?

Sim! Você é o que consome de informação! Você é o que lê. O que assiste e assim por diante.

É comum as pessoas reclamarem de falta de tempo. E é mais comum ainda ver as pessoas perdendo tempo com informações inúteis. Uma bela contradição da reclamação humana.

Penso e defendo que você deve filtrar o que é importante e o que não é importante para você. Como *Coach*, procuro sempre enxergar metas, objetivos e sonhos nas pessoas e obviamente apoiá-las neste processo. Quantas vezes as pessoas "perdem tempo" consumindo ou procurando informações que não possuem nenhuma relação com os seus objetivos e metas!

Será que é por isso que as pessoas demoram tanto para conquistar o sucesso? Sim! Claro que sim, se perdem no que é inútil naquele momento, sem contexto, sem necessidade.

O que você pensa, o que você conversa e o que você faz está diretamente ligado à qualidade de informação que você busca.

Por muito tempo estudando o comportamento humano, percebemos e concluímos que as pessoas sabem das coisas, pois em algum momento tiveram acesso a tais informações. Mas, como não buscam as informações certas, as estritamente necessárias, perdem-se em uma enxurrada de informações e não sabem exatamente o que fazer com elas.

Por isso dizemos que não importa o que você sabe, e sim o que você faz com o que sabe. Pois sem ação, não há resultado. Sem ações efetivas as coisas não acontecem!

Quantas vezes você já ouviu alguém dizer: "Eu sei o que tem que ser feito!", mas simplesmente não faz! Não faz por vários motivos, dentre eles porque não sabe exatamente o que fazer com o que "acha" que sabe.

Não basta saber, tem que fazer!

E percebemos ainda que a maioria das pessoas se comporta da mesma maneira, encontrando justificativas para não entrar em ação, por exemplo, a falta de tempo.

A grande verdade e a solução para isso é você buscar FOCO. Qual é o seu foco? Para onde você está indo? Quais são seus verdadeiros propósitos? Quais são suas metas pessoais e profissionais? O que você busca? O que você deseja conquistar? Onde quer estar? O que quer ter, ser ou fazer?

Se você não tem estas respostas, qualquer informação é consumível por você. E qualquer informação não serve! Infelizmente, simples assim.

É preciso saber a informação certa, que reunida com os seus valores pessoais e seus talentos (o que você realmente gosta de fazer) lhe darão motivação para o fazer, para entrar em AÇÃO.

Portanto, esta foi a minha pretensão com esta obra. Acredito que neste momento você tem conhecimento suficiente para entrar em ação e fazer a diferença. Sim, você pode ser líder, basta fazer algo com o volume de informações e conhecimento que você adquiriu. Eu garanto para você: saber e não agir não traz resultados!

Desejo SUCESSO de todo o meu coração. Desejo sinceramente que você possa inspirar mais e mais pessoas a liderarem suas vidas, suas ações, suas atitudes e seus comportamentos. Desejo ainda que você traga os resultados mais audaciosos para a sua empresa. E, por fim, desejo que todos os seus sonhos e objetivos sejam conquistados, não no tempo certo, mas no tempo em que você decidiu e planejou fazer a diferença. Mereça ser chamado de LÍDER!

Anotações

O LÍDER e a ESPIRITUALIDADE

É chegada a hora de transformarmos as nossas empresas em um lugar de conexão espiritual.

Calma! Não se preocupe, você não vai transformar a sua empresa em um culto ou uma seita. Não estou falando de religiosidade e sim de espiritualidade. São coisas diferentes. Complementares, porém, diferentes.

A espiritualidade não depende de nenhuma religião, contudo, prevê a possibilidade de acreditarmos que algo maior rege as energias deste universo, e por consequência deste planeta e de onde você opera com a sua liderança. Você pode ser um líder espiritualizado? Vamos em frente...

Cada vez mais, precisamos de líderes conectados com a sua missão de vida e que ajudem seus liderados a se conectarem com esta missão, que eu chamo de espiritual. Podemos usar o nome Dharma (Missão Espiritual). Eu acredito infalivelmente que todos nós temos uma missão que foi "combinada" com o plano superior antes da nossa vinda para este plano material.

Quando eu, Meda, declaro ao universo que a minha missão é *"Despertar, Curar e Transformar pessoas em busca de ajudá-las a saírem da normose e se transformarem em buscadores conectados com a missão!"*, eu tenho a certeza de que vim ao mundo para liderar esta causa.

Qual a sua causa? Qual a sua missão? Qual o seu legado?

Quando nós falamos em espiritualidade aqui na nossa escola, estamos nos baseando no conceito da pirâmide dos 6 Níveis Neurológicos de Robert Dilts, da PNL Sistêmica.

A partir de um modelo inicialmente proposto por Gregory Batenson, Robert Dilts elaborou o conceito dos NÍVEIS NEUROLÓGICOS na PNL, que, com a união dos "CAMPOS" de energia, inaugurou a PNL Sistêmica. Ele propôs que o sistema nervoso humano realiza o seu processo de aprendizado, comunicação e mudança segundo uma organização em diferentes níveis. A proposta aqui é que você, LÍDER, aprenda a utilizar os níveis para acessar o nível mais alto: a Espiritualidade.

Existe, segundo ele, uma lógica na nossa neurologia, por isso neurológicos. Embora toda pessoa mude organicamente, sistemicamente, nossos pensamentos e atitudes podem ser separados por NÍVEIS que compõem uma ESCALA HIERÁRQUICA. Assim, o líder pode desenvolver um plano de trabalho para potencializar a sua equipe com base nos níveis neurológicos.

Uma mudança em um nível inferior pode alterar a estrutura de um superior, embora não necessariamente. Uma mudança em um nível superior determina mudanças em todos os níveis abaixo dele.

São 6 níveis em escala:

ESPIRITUAL – Quem mais é afetado pela minha missão?

IDENTIDADE – Quem eu sou? Qual a minha missão?

CRENÇAS e VALORES – Por que eu faço o que faço? O que me motiva?

CAPACIDADES – Como eu faço o que faço? Quais são minhas habilidades?

COMPORTAMENTOS – O que eu faço? Como costumo reagir às coisas?

AMBIENTE – Onde eu faço o que faço? Quando eu faço?

Na próxima página uma figura completa dos níveis neurológicos.

Transmissão	"EU MAIOR" Espiritualidade	Quem mais?
Missão	Identidade	Quem?
Motivação Permissão	Crenças Valores	Por quê?
Estratégia	Habilidade Capacidade	Como?
Ação	Comportamento	O quê?
Limites	Ambiente	Quando? Onde?

No **CENTRO** os nomes dados a cada nível.

Na **ESQUERDA** o que eles representam na nossa neurologia.

Na **DIREITA** as perguntas para o processo de mudança.

Liderança na PRÁTICA!

1. ONDE eu faço o que faço como Líder? Em que lugares? QUANDO eu faço?

___
___
___
___
___
___

2. O QUE eu faço como líder? Quais são os meus principais COMPORTAMENTOS como Líder?

_____
_____
_____
_____
_____

3. COMO eu faço o que faço? Quais são minhas HABILIDADES?

_____
_____
_____
_____
_____

4. POR QUE eu faço o que faço? O que me MOTIVA?

_____
_____
_____
_____
_____

5. QUEM eu sou? Qual a minha MISSÃO?

_____
_____
_____
_____
_____
_____
_____

6. QUEM MAIS é afetado pela minha missão? Qual a minha TRANSMISSÃO?

_____
_____
_____
_____
_____

Vamos ver um exemplo prático (do próprio Robert Dilts) sobre cada nível da pirâmide:

EU não posso fazer isso aqui. (Identidade)

Eu **NÃO POSSO** fazer isso aqui. (Crenças)

Eu não posso **FAZER** isso aqui. (Capacidade)

Eu não posso fazer **ISSO** aqui. (Comportamento)

Eu não posso fazer isso **AQUI**. (Ambiente)

Não adianta nada você mudar de AMBIENTE e levá-lo com você. Os problemas tendem a se repetir se por acaso estiverem sendo ocasionados por seus COMPORTAMENTOS, suas CRENÇAS, ou uma HABILIDADE que você ainda precisa desenvolver.

> Observe quando e em qual ambiente você, como líder, precisa promover mudanças. Que comportamentos precisa mudar em você e na equipe? Que habilidades e capacidades você e sua equipe precisam desenvolver? Que crenças novas são necessárias? Qual a sua real identidade? Sua missão? E da sua equipe? E para quem vocês trabalham? Por quem mais? Para qual transmissão? Pelo cliente? Pela comunidade? Pela sociedade?

Já as mudanças nos níveis mais altos da pirâmide são bastante poderosas e geram consequências em cascata em todos os níveis inferiores. Quando seguimos nossos VALORES e transformamos nossas CRENÇAS, transformamos por cascata nossas CAPACIDADES, COMPORTAMENTOS e percepção do AMBIENTE.

Uma aplicação prática dos níveis neurológicos na Liderança são:

1. Você precisa de mais informação sobre a situação (AMBIENTE)
2. Você tem informações, mas não sabe o que fazer (COMPORTAMENTO)
3. Você sabe o que fazer, mas duvida da sua capacidade (CAPACIDADE)
4. Você sabe que tem capacidade, mas pensa que não é importante (CRENÇAS e VALORES)
5. Você pensa que é importante, mas simplesmente não é você (IDENTIDADE)
6. Você acredita que é você, mas isso não se conecta com nada, com além disso (ESPIRITUALIDADE).

Enfim, o grande objetivo aqui é você atingir o Nível da ESPIRITUALIDADE. Ou seja, da TransMissão. Tanto você, quanto a sua equipe, precisam trabalhar os 5 níveis anteriores para acessar o nível espiritual na empresa, no negócio, na comunidade etc.

Acessar o nível espiritual significa ter claro PARA QUEM vocês servem. Para os clientes? Quais clientes? O que eles desejam? O que eles buscam? Para as famílias dos colaboradores? Para os próprios colaboradores? Por um mundo melhor?

Desenvolver a espiritualidade em uma empresa quer dizer que "curas" significativas já foram feitas nos níveis anteriores. Por exemplo:

1. O ambiente é saudável? Agradável? Leve? As pessoas se respeitam?
2. Os comportamentos dos envolvidos são adequados? Respeitosos? Humanizados?

3. Foram desenvolvidas as capacidades de lidar com conflitos? De inteligência emocional? Há compaixão? Atenção? Carinho?
4. Que crenças positivas e possibilitadoras permeiam a empresa, o negócio? No que estas pessoas acreditam? Acreditam que podem ser melhores a cada dia? Qual a grande motivação? Qual a motivação superior? Qual o real motivo que faz com que as pessoas entrem em ação?
5. Qual a identidade da empresa? Qual a identidade da diretoria? Dos gestores? De cada membro da equipe? A identidade é forte e bem definida? Cada um sabe o seu papel? Cada um sabe a sua missão?
6. E, por fim, será possível acessar então o nível Trans. O Nível da Transmissão... ou seja, pra que tudo isso? Pra quem? Para qual missão maior? Superior? Divina?

Entenda que uma empresa espiritualizada não é aquela onde tudo pode, tudo é liberado, que não existem hierarquias organizadas, que não existam cargos ou processos, sem isso uma empresa não funciona, seria a mais pura utopia, o caos corporativo. Porém, é possível, mesmo com todas as estruturas lógicas que organizam uma empresa, ser espiritualizada, respeitando os valores de cada um, a verdade de cada um, os limites, as crenças, os medos etc.

Se você, líder, estiver DESPERTO para uma nova visão espiritualizada onde tudo, exatamente tudo, pode ser feito com AMOR e COMPAIXÃO, você está preparado para se juntar a uma legião de líderes do bem, em busca de um desenvolvimento humano, honrando o desenvolvimento das relações.

Anotações

Anotações